MITOS + LEYENDAS

MAYAS

Ilustraciones de Ana Inés Castelli * Textos de Ana Gallo

ALMA

Índice

De historia, naturaleza y seres fantásticos

La literatura maya en sus manifestaciones escritas desapareció con la llegada de los españoles en el siglo XVI. La mayor parte de sus códices, de sus libros sagrados, pasaron de la noche a la mañana a ser heréticos si no es que propiamente diabólicos, y fueron quemados. Sólo un puñado sobrevivió en bibliotecas de Dresde, París y Madrid. Sin embargo, durante siglos, no hubo quien supiera leer sus logogramas, sus glifos silábicos, ni en esos pocos códices supervivientes ni en las prodigiosas estelas o los múltiples objetos de cerámica, pues con la conquista se perdió también el conocimiento de la escritura maya. La elegante escritura maya quedó muda hasta su desciframiento por el lingüista soviético Yuri Knórozov a partir de 1952, a quien, sin embargo, en tiempos de la guerra fría, sus colegas estadounidenses minimizaron y despreciaron, retrasando la difusión de sus empeños.

Unos pocos ejemplos de literatura maya fueron trasladados a caracteres latinos durante la colonia. Como señala la investigadora mexicana Mercedes de la Garza, «algunos mayas nobles que habían sido educados por los frailes españoles y habían aprendido el alfabeto latino se propusieron preservar sus tradiciones, historia y creencias religiosas, escribiendo libros en sus propias lenguas», pero con la nueva forma de escritura traída por los españoles».[1] Destacan, sin duda, los libros mitológicos, proféticos e históricos del *Chilam Balam*; el *Libro del Consejo del Popol Vuh*, que narra la creación del mundo y de la humanidad, la guerra entre los dioses verdaderos y los falsos, y las peregrinaciones y genealogías del pueblo quiché, y, por último, la obra escénica, entre teatro y danza, que reconstruye la guerra entre los quiché y los rabinaleb, y que se sigue

---

1 Mercedes de la Garza, Prólogo al *Libro de Chilam Balam de Chumayel*, traducción del maya al español de Antonio Mediz Bolio, México, Consejo Nacional para la Cultura y las Artes, 1985, p. 10.

representando cada año entre el 18 y el 25 de enero en Rabinal, municipio de la Baja Verapaz, en Guatemala.

Y, sin embargo, muchísimos mitos y leyendas mayas persistieron y fueron transmitidos entre generaciones desde el siglo XVI hasta la actualidad. Desde luego, la oralidad no fija los relatos, antes bien los transforma y reproduce, y cada uno de esos mitos y leyendas retoñó multiplicado en las diversas lenguas, regiones y países ocupados por los pueblos mayas. Una misma historia puede variar en el municipio aledaño o incluso ser otra en la memoria de la familia vecina. Esta formación discursiva, la maya oral, aún tan viva, encontró finalmente el papel a lo largo del siglo XX, en un primer momento por letrados que podemos llamar castizos y mestizos, pero cada vez más en versiones de los propios escritores mayas; pues hasta 1964, la política indigenista del gobierno mexicano fue de carácter integracionista, lo cual significa, en palabras de Silvia Cristina Leirana Alcocer, que sólo se alfabetizaba en castellano, y que esta castellanización fue «compulsiva y violenta», buscando «que los mayas olvidaran todos sus rasgos culturales y adoptaran los "nacionales"».[2] Apenas a partir de ese año, en un solo poblado, se comenzó a alfabetizar en maya y apenas veinte años después, en 1984, se acordó un alfabeto estandarizado. Así que esta nueva etapa de la literatura maya tiene menos de cuatro décadas.

Las diez historias aquí reunidas provienen de los estados que conforman la península de Yucatán, en México: Campeche, Yucatán y Quintana Roo, donde una tercera parte de la población es hablante de maya. Han sido recopiladas en distintos momentos por diferentes personas, fueron reescritas para este libro, allanando en parte las diferencias culturales, y buscan introducir al lector en los mitos y leyendas de esta civilización milenaria, ser un anzuelo que lo lleve a penetrar más aún en su cosmogonía, su historia, sus creencias, su oralidad y sus formas de expresión, que, dicen los que saben, tanto pierden en su traslado al castellano u otros idiomas. En las diez historias que lo conforman, hay tres líneas básicas subyacentes: la historia maya, los seres sobrenaturales y la fauna yucateca.

Se inicia el libro con *Xtabay, Utz-Colel y las flores de xtabentún y tzacam*, uno de los mitos más antiguos de la cultura maya. Sus orígenes se remontan a la diosa de los suicidas Xtab, representada en el *Códice de Dresde* con una soga al cuello. En la época moderna, fue recogido por Ermilo Abreu Gómez, entre muchos otros, desde 1919 y posteriormente en su libro clásico *Leyendas y consejas del*

---

2   Silvia Cristina Leirana Alcocer, *Catálogo de textos mayas publicados entre 1990 y 2009 (Bibliografía comentada)*, Mérida, Instituto de Cultura de Yucatán, 2010, p. 13.

antiguo Yucatán (1961). Es también, uno de los mitos más repetidos aún en los pueblos de la península de Yucatán para asustar o prevenir, sobre todo, a los varones adolescentes. Esta historia poblada de seres y sucesos sobrenaturales permite conocer las antiguas costumbres mayas en cuanto al matrimonio, la sexualidad, la educación diferenciada de chicos y chicas, los rituales mortuorios o qué actos o actitudes se consideraban virtuosos, pero también usos y costumbres más cotidianos como el cuidado del cabello, los ideales de belleza y los distintos tocados y peinados. Atrae de esta historia la ambigüedad entre la virtud y el libertinaje de las protagonistas y sus respectivos y contrastantes finales o vidas después de la muerte.

La leyenda de *El enano de Uxmal* nos muestra la asociación de las personas con enanismo con las cuevas y los cenotes, y por ende con el inframundo, pero también con la importancia de la música, de los instrumentos musicales prehispánicos y de su uso en los rituales sagrados. A diferencia de los enanos mexicas, que cumplían funciones de divertimento similares a las que tenían en las cortes europeas, entre los mayas los enanos poseían una cualidad semidivina y poderes sobrenaturales. Se les representó con frecuencia en figurillas de cerámica o piedra, o en escenas de vasos rituales en los que aparecen ricamente ataviados como parte del cortejo del dios del maíz. Esta leyenda narra también parte de la historia de Uxmal, una de las más poderosas ciudades de la península, y nos habla de las tareas de las curanderas y de la fe inquebrantable en las profecías y en su ulterior e inevitable cumplimiento. Aborda también la arquitectura maya, puesto que se dice que la Pirámide del Adivino, una de las construcciones de mayor altura de toda el área maya, se debe al dicho enano o adivino de Uxmal. Domingo Dzul Poot recopiló esta leyenda de su propia madre, doña Carmela Poot May, en 1938.

La leyenda de los aluxes (duendes o elfos mayas) tiene una relación intrínseca con la siembra y las prácticas agrícolas entre los mayas, incluida desde luego la milpa —*kool* en maya yucateco—, ese agroecosistema mesoamericano, sinónimo de subsistencia biológica y socialmente sustentable, que combina en una misma parcela la llamada trilogía milpera: maíz, frijol y calabaza. Cada alux que merezca respeto tendrá su altar o casita en la milpa, su *kahtal alux*, donde convocará la lluvia, cuidará el campo, ahuyentará a los animales, aunque, si no se le complace, este duendecillo podrá causar accidentes o provocar enfermedades. Por ello su mito se relaciona también con la medicina y la herbolaria maya, y con los *h'men*, los curanderos necesarios para interceder entre los seres humanos y las deidades, y a quienes los aluxes secuestran cuando niños para enseñarles todo lo que saben y devuelven al mismo sitio donde los tomaron, ya convertidos en *h'men*. Las distintas historias de los aluxes se han transmitido de forma oral de generación en generación y han sido recopiladas en muchos municipios de la península, por ejemplo, por Vicente Canché Móo para su libro *Ma' chéen tsikbalo'obi/No son sólo cuentos* (2004).

La guardiana del agua resuena mucho en la actualidad, en estos tiempos de crisis climática. Narra el mito del último sitio en el planeta donde podrá hallarse agua, custodiada por una hechicera y su serpiente divina, en la muy antigua ciudad de Maní. Es, pues, un mito en el que la sequía es una amenaza constante y una profecía latente, en el que no faltan las ofrendas a las divinidades y otros seres sobrenaturales, y donde conocemos también de las continuas guerras entre las ciudades-Estado o las dinastías mayas y de la necesaria reedificación de las ciudades, algo más frecuente de lo que en primera instancia podría suponerse.

De acuerdo con algunos registros, en la península de Yucatán se distribuyen al menos 436 especies de aves, de todos tamaños, formas y colores. Esta enorme diversidad no podía faltar entre los mitos y leyendas mayas. Uno de los más conocidos es el que narra cómo el pájaro *dziú* (el tordo ojirrojo) salvó del fuego los granos de maíz, alimento básico de toda Mesoamérica, y cuál fue su recompensa por tan importante rescate. Otras especies de pájaros participan en la historia, que condena la pereza y explica el sistema de cultivo tradicional de «roza, tumba y quema», que afortunada pero lentamente va quedando en el olvido. El mito fue recopilado por el poeta y arqueólogo literario Luis Rosado Vega en *El alma misteriosa del Mayab* (1934).

La leyenda del chom nos lleva de regreso a la gran ciudad de Uxmal y a su majestuosidad arquitectónica. Nos brinda otro retazo de historia maya envuelto en el mito y tiene por protagonista a otra ave muy común en los cielos de Yucatán: el chom, un tipo de buitre conocido como zopilote en el resto de México. Habla de la creación y de cómo, en algunos casos, ésta, a diferencia de la creación cristiana, no era definitiva y las criaturas podían sufrir modificaciones. Fue también Luis Rosado Vega quien recopiló esta leyenda en la misma obra mencionada en el párrafo anterior.

El uay chivo es otra historia trágica y de terror que ha pasado de boca en boca durante generaciones. En ella, si bien es posterior a la conquista española, el protagonista es un brujo maya tradicional, un uay, que domina el oscuro arte, no de la metamorfosis, sino de la ocupación de un cuerpo animal. En esta versión, tiene un papel principal una curandera africana, y el despecho amoroso y el deseo de venganza pervierten la bondad natural de los animales. Este mito también sirve para asustar a los niños y niñas que gustan de vagabundear por los blancos caminos del Mayab y no desean regresar temprano a casa. Lo narra también, por ejemplo, Carmen Leñero en sus *Monstruos mexicanos* (2012).

La leyenda de *La princesa Sac Nicté* fue recopilada por el poeta y diplomático Antonio Mediz Bolio en su libro *La tierra del faisán y del venado* (1922). Narra los hechos que llevaron al rompimiento de la poderosa Liga de Mayapán, una confederación formada por las ciudades de Uxmal, Chichen Itzá y Mayapán. Se trata de un pasaje de la historia maya protagonizado aquí por personajes legendarios y pasado por el tamiz de los relatos románticos. De nuevo, hay una trágica historia de amor contra un fondo de ciudades destruidas, reconstruidas y abandonadas.

La leyenda de la xkokolché (el ruiseñor) es otro mito de las aves yucatecas. En éste destaca la belleza de sus trinos, a pesar de la vulgaridad de su plumaje, y aparecen también el chacdzidzib (el cardenal) y el cenzontle o ave de las cuatrocientas voces. La música y el principio de la primavera, la siembra, pero también hallar a la pareja indicada, son temas centrales de esta historia cantora, recogida una vez más por Luis Rosado Vega en *El alma misteriosa del Mayab* (1934).

Por último, en *Flor de sangre* nos encontramos de nuevo en los primeros días de la conquista y entre los restos que dejaron las guerras intestinas de las ciudades que en un tiempo conformaron la Liga de Mayapán. Es también una lucha y un rechazo de lo que señalan el destino y los augurios funestos, un canto de esperanza y rebeldía a pesar de los pesares.

Estas diez historias, preservadas durante siglos en la memoria maya y transmitidas por tradición oral hasta ya entrado el siglo XX, despliegan un panorama de las principales preocupaciones y creencias de los pueblos mayas, de sus temas recurrentes —que también son los nuestros—, de sus temores más usuales, de su relación con su excepcional entorno, de los seres naturales y sobrenaturales que lo habitan, de su rica historia que aún están construyendo.

Jaime Soler Frost

Ensayista y editor en la Universidad Nacional Autónoma de México

Xtabay, utz-colel y las flores de Xtabentún y Tzacam

En un poblado de la selva de Yucatán nacieron, con muy poca diferencia de días, las niñas Xtabay y Utz-Colel. Desde muy pequeñas rivalizaron en belleza, aunque ahí finalizaban sus semejanzas, pues según fueron creciendo y haciéndose mujeres no podían ser más distintas en trato y compostura.

Utz-Colel hacía honor a su nombre, que significa «mujer virtuosa», pues siempre fue una muchacha de gran rectitud y muy apegada a la educación que se consideraba ideal para una chica a partir de los doce años. A esa edad, las jóvenes comenzaban a prepararse para el casamiento, mientras que los muchachos pasaban a vivir en la casa comunal para entrenarse en la religión y en la guerra.

La educación de las niñas implicaba, entre otras cosas, guardar las formas, conducirse con recato, y evitar así contactos con jóvenes que pudieran mancillar su reputación. De esta manera, Utz-Colel adoptó cada consejo como una regla inamovible de la que no podía apartarse si no quería caer en la temida deshonra, una marca de diferencia e indignidad. Una vez que se celebró la ceremonia del *caputzihil*, en la que su madre le retiró simbólicamente la tradicional concha que llevaba atada con un cordel a la cintura desde su nacimiento y que ocultaba la parte inferior del vientre, inició su vida adulta.

A partir de entonces arreciaron los consejos.

—No vayas a elegir al primero que te pretenda, ni muestres interés por ninguno hasta que no veas qué regalos te ofrece —le advertían.

—Hija, aprende a cocinar para que encuentres pronto un buen marido —le sugerían.

Sabiendo que hacerle la comida a un hombre era algo que formalizaría su relación, la joven se mostraba reticente a cocinar hasta no encontrar su ideal de esposo. Y, siendo como era una joven de natural disciplinada, mantenía a raya sus sentimientos para no expresar deseos ni preferencias. Así fue desarrollándose como si todo su ser se encontrara dentro de un capullo de rígidas paredes que le impedía salir al mundo para mostrarse en toda su belleza.

Esto hacía que en la calle pocos merecieran su saludo y que se apartara de los menesterosos como si tuvieran éstos una enfermedad contagiosa. Y ni mucho menos se la veía en los corrillos de las muchachas de su edad, que al atardecer solían reunirse en la plazuela que se hallaba delante del templo. Cuando se comparaba, llegaba a la conclusión de que ninguna era tan educada y respetuosa como ella, y que relacionarse con aquellas chicas podía afectar a su reputación.

Esas maneras en extremo comedidas y altaneras, lejos de provocar críticas en las gentes del pueblo, que de todo habían de opinar, obtenían los mayores halagos:

—Utz-Colel es una buena hija que sabrá hacer feliz al hombre con el que se case.

—Es una joya para el que sepa merecerla...

—No le faltarán ocasiones, es hermosa y virtuosa a manos llenas.

*

La pequeña Xtabay, por su parte, se había criado sola con su padre desde que su madre falleciera, ya que aquél no volvió a casarse. Esto no le impedía, de vez en cuando, recibir la visita de alguna mujer, sobre todo por la noche, algo que su hija aceptaba con naturalidad.

Xtabay era una de las jóvenes que frecuentaban los alegres corrillos de chicas que Utz-Colel evitaba. A diferencia de ésta, cuando Xtabay hablaba era tan expresiva que sus ojos negros y almendrados chispeaban, y sus labios dibujaban sonrisas con facilidad. Le gustaba sentirse libre y, para alejarse de las miradas ajenas, no temía salir a pasear por la selva con su perro; allí se entretenía observando a los animales en la espesura. Antes de cumplir los veinte años, se divertía con sus amigas escabulléndose al atardecer en la casa de los muchachos para observarlos, o pasando el rato con ellos a escondidas.

Y con ello comenzó a dar de qué hablar a las lenguas murmuradoras:

—Son unas indecentes, se juntan con los chicos y quién sabe qué harán.

—La hija del viudo es una *xkeban* —decían pronunciando con desprecio esa palabra que en maya designa a una mujer cuyo comportamiento con los hombres es atrevido e impropio.

Así que, desde la adolescencia, en el pueblo algunos hicieron de ese malintencionado epíteto el nombre propio de la muchacha, a la que dieron en llamar *xkeban*. Pero a ella no le importaban las habladurías: bastante tenía con no descuidar todas las tareas de la casa que había asumido desde niña. Hacer la comida, obedecer a su padre y divertirse cuando podía era su manera de ser feliz.

—Alimenta a los pavos y recoge los huevos de las gallinas —le pedía a Xtabay su padre antes de salir a trabajar en el campo.

—¡Ya vooooy! —respondía ella, dejando de jugar con el perro.

*

Utz-Colel y Xtabay fueron creciendo como dos caras de una moneda que las lenguas de mal hablar giraban y convertían en fuente de comparaciones injustas, pues contraponían los modos virtuosos de una con la vida libre de la otra. Y aunque Utz-Colel se sentía victoriosa en esas habladurías, envidiaba algo en lo que Xtabay era mejor.

El aspecto del cabello decía mucho de una persona, pero no todo el mundo tenía la misma calidad de pelo ni la misma gracia para peinarlo. La melena castaña de Utz-Colel sobrepasaba su cintura, pero aun así era vulgar y caía lacia sobre su espalda por más que procurara exhibirla irguiendo la cabeza, como si portara una valiosa joya.

Sin embargo, el brillo negro de la abundante cabellera de Xtabay resaltaba su melena y la hacía digna de admiración entre la gente. Sin embargo, el pelo le molestaba para llevar a cabo sus quehaceres y lo solía llevar recogido en lo alto de la cabeza, en dos trenzas que entrelazaba graciosamente con cintas de colores. Cada noche, antes de acostarse, Xtabay repetía el mismo ritual: liberaba las trenzas, aplicaba aceite al cabello y, mientras cantaba canciones de amor, lo iba peinando suavemente para que se nutriera bien. Aquella melena, que sólo exhibía en todo su esplendor los días festivos, era su mayor orgullo.

Cuando algunos jóvenes casaderos comenzaron a interesarse por ellas, las lenguas vaticinaron:

—Utz-Colel es una buena hija, y sabrá hacer feliz al hombre con el que se case.

—*Xkeban* sólo hallará compañeros de lecho.

Por más que se empeñaran algunos en llamarla *xkeban*, Xtabay seguía siendo tan alegre y amable como siempre. Nada ni nadie torcería esa forma de ser que surgía de su propia naturaleza.

—¿No te ha dicho nunca tu padre que no debes darles conversación a los hombres? —le preguntó una vez Utz-Colel, incapaz de contenerse.

Xtabay simplemente se encogía de hombros sin comprender por qué debía dejar de hablar a los muchachos, demasiado ingenua aún para discernir las miradas de deseo e interpretar sus comentarios de otro modo que no fuera galantería:

—¡Cada día estás más linda, Xtabay! —se oía decir a algún joven con descaro mientras luchaba por no despegar sus pies del suelo cuando la muchacha le sonreía al pasar.

—Camina como si estuviera escuchando una canción. ¡Cómo me gustaría enamorarla! —le confiaba otro a un amigo.

Por desgracia, al fallecer su padre la adultez la sorprendió de golpe. A partir de entonces Xtabay debió empezar a cuidarse sola y procurarse el sustento vendiendo los productos del campo en el mercado. Por eso en su vida diaria se cruzaba con muchos hombres y, como es natural, le salieron algunos pretendientes que le llevaban regalos hasta que se cansaban o se enteraban de que andaba en relaciones con otros, pues incluso venían de poblados de fuera de las lindes de la selva porque habían oído hablar no de Xtabay, sino de *xkeban*.

Por su parte, Utz-Colel también tuvo pretendientes, pero les exigía tanto que, uno tras otro, acabaron renunciando a cortejarla al cabo de varios intentos y muchos regalos desdeñados. Lo cierto es que, si alguno llegaba a visitarla, ella lo despachaba con sequedad, por lo que a ninguno le quedaban ganas de volver a intentarlo. Y cuando llegaba a oídos de Utz-Colel que ese o aquel muchacho, que a ella le hacía gracia, también bebía los vientos por Xtabay, comentaba con desprecio:

—Que se lo quede para ella sola, ninguno de ellos vale lo que la mísera suela de mi sandalia.

A pesar de esta actitud, Utz-Colel deseaba ser amada por el mejor hombre y no podía evitar fantasear sobre cómo sería su casamiento. Se imaginaba el momento de la ceremonia en que el casamentero ataba los extremos de la manta de la pareja mientras exhortaba a ambos a cumplir con los deberes de su matrimonio y con los dioses. Se veía a sí misma bajo su manta nupcial, pero jamás lograba vislumbrar el rostro del novio que se cobijaba bajo la otra.

*

Cuanto más mujer se hacía Xtabay, más se embellecía su interior con virtudes poco visibles.

—Hija, cada vez te pareces más a tu madre, la única mujer a la que he amado de verdad. Ella estaba llena de vida —le había dicho en una ocasión su padre cuando ya estaba muy enfermo—. Su sonrisa era como la tuya, capaz de aliviar las penas y preocupaciones de todos. Tenía tanto amor que dar...

Y así era, pues, desde que tenía uso de razón, Xtabay se había guiado por sus sentimientos y no sólo amaba a quienes se acercaban a su corazón, sino que también socorría a quienes lo necesitaban sin detenerse a pensar en si estaba o no bien visto. Eran muchos los que creían que

era mejor mantener alejados a los desgraciados, no fuera que los males que los afligían acabaran entrando en el hogar de quien se implicara con ellos.

A veces, cuando regresaba del mercado con los morrales a rebosar de hortalizas y granos, Xtabay se detenía ante quien andaba mendigando comida y le daba lo que podía.

—¿Hace cuánto que no pruebas bocado? Toma estos frijoles y consuela tu estómago —decía.

A los necesitados no les importaba esa mala reputación que arrastraba Xtabay: ellos sólo veían a la joven compasiva y generosa, esa que, al llegar a su choza después de un largo día de trabajo, se brindaba a echar más comida en la olla para llenar los pocillos de invitados inesperados que se acercaban a su patio aguardando de ella su único alimento del día. Ninguna de esas personas se refería a ella por el apodo ignominioso de *xkeban*.

—Busca a Xtabay, *m'hijo*, no tengo fuerzas para levantarme... —le pedía una mujer a su hijo pequeño.

Y, cuando la muchacha recibía el aviso, metía en una bolsa tejida por ella misma paños limpios y pequeños envoltorios de henequén. Allí guardaba los remedios que pudiera necesitar.

—Dicen que vieron a esa *xkeban* llevando comida a un viejo enfermo y ¡entró sola en su choza! —chismorreaban.

—A mí me han contado que hasta los lava...

—¡Qué mujer tan repugnante! ¿Cómo puede una mujer decente tratarse con seres tan indignos? —exclamaba Utz-Colel, quien acostumbraba a apartarse del camino cuando se cruzaba con personas pobres o enfermas.

Ésta sólo era una parte de lo que hacía Xtabay, cuya vida sentimental era bastante agitada. Pues, en cuanto su padre falleció, no era raro ver a algún pretendiente merodeando por la choza y esperando convertirse en el amo y señor de la joven.

—¿Dices que me comprarás un huipil bordado nuevo? ¿Y qué tengo que darte a cambio? Me parece que no estás jugando limpio conmigo... —se divertía Xtabay, a quien le gustaba poner en aprietos a los hombres.

No le incomodaban las zalamerías de los más cariñosos, al contrario: se dejaba llevar por el deseo y participaba con gusto en ese juego del ratón y el gato al que muchos eran dados para no comprometerse seriamente. Sólo era una enamorada del amor que tan pronto acababa su relación con uno ya se estaba ilusionando con otro.

Era una suerte para Xatabay que careciera de ese freno humano que es el qué dirán y que priva a muchos de mostrarse como verdaderamente son. Lo que para otros era impropio de una mujer honesta para ella era amor, placer y pasión. Si un hombre lograba acariciar su corazón, se rendía a él y le entregaba su cuerpo sin remilgos ni temor; y, cuando el amor se acababa, lo dejaba marchar hasta que otro lo reemplazara.

Con el tiempo, ambas jóvenes se convirtieron en mujeres solitarias: a una la aisló la maledicencia y a la otra su propia arrogancia.

Utz-Colel era una mujer amargada que disfrutaba confrontando las faltas ajenas para ensalzar continuamente su virtud.

—Tiene lo que se merece —decía con desprecio de Xtabay.

—Ya ves, tanto hombre rondándola y ¿para qué? —le respondía su madre.

Xtabay disponía de poco tiempo en su vida para hablar de los demás y apenas recordaba a Utz-Colel. Se levantaba al salir el sol para ocuparse de sus animales, llevar comida a algún enfermo o repartir su tiempo entre el mercado y el campo. A decir verdad, cada vez se olvidaba más de cuidar de sí misma y ya nadie se preocupaba por ella...

*

Entonces llegó el día en que alguien echó de menos la presencia de Xtabay. Quizá fue un necesitado que llamó a su puerta y contó que la mujer no había salido. Quizá una persona enferma aguardara en vano sus cuidados, o puede que fueran las jóvenes que trabajaban con ella en el campo las que comentaran lo extraño de su ausencia durante tantos días. Sin nadie que les diera comida, sus gallinas y pavos hacía tiempo que se habían salido del patio y correteaban por la calle en busca de algo con que llenarse el buche.

—Ojalá haya conocido a algún forastero bueno y se haya ido con él. Todavía es una mujer joven, merece ser feliz con alguien —comentó un anciano que la quería como a una hija.

—Es muy raro, no es persona de irse sin decir adiós —comentó preocupada una viuda que, tiempo atrás, había recuperado la salud gracias a los cuidados de Xtabay.

Y, entendiéndose sólo con la mirada, la viuda y el anciano salieron resueltos en dirección a la vivienda de Xtabay para averiguar si se encontraba bien. Entraron en el jardín, rodeado por un murete de piedra seca donde acostumbraban a estar recogidos los animales. Pero tan sólo la maleza, crecida en abundancia tras las últimas lluvias, ocupaba a sus anchas el lugar. Entonces el anciano pegó su oreja a la pared de bajareque de la choza, un entretejido de cañas amalgamadas con barro, y negó con la cabeza.

—Xtabay, ¿estás ahí? —preguntó en voz alta la viuda.

Desde el otro lado llegó un roce suave contra la pared seguido del olfateo repetido de un animal. La viuda empujó la madera que hacía de puerta y levantó la tela de algodón que protegía de la luz del sol y de las miradas indiscretas. En la penumbra, a la altura del suelo, distinguió los ojos de un perro. Éste se levantó enseguida y salió corriendo por la puerta. Al poco sintió al venadito que Xtabay había criado: rozó su huipil y siguió el mismo camino que el perro.

Xtabay yacía sobre su lecho con los ojos abiertos. A su lado, un perro, más pequeño que el anterior, le lamía las manos de vez en cuando, quizá esperando que volvieran a acariciarlo. A juzgar por el aspecto de su piel y sus labios amoratados, la mujer debía de haber fallecido hacía varias semanas, sin embargo...

—¿No notas eso? —preguntó el anciano.

—¿El qué?

—Que no huele a muerto, sino...

—¿A flores?

—Quizá los animales removieron algunos sahumerios —aventuró el anciano mientras buscaba el origen de aquel aroma inusual.

Mientras tanto, el olor salió por la puerta y, en pocos minutos, se abrió camino por las calles como un río de flores invisibles que buscara su cauce.

La viuda arregló el cadáver, le puso unos granos de maíz en la boca para que no pasara hambre en su viaje al inframundo, y una cuenta de jade para que pudiera pagar el peaje de entrada al más allá. Después, entre unos cuantos llevaron el cuerpo sin vida de Xtabay en un humilde cortejo fúnebre en el que se congregaron muchos a los que ella había ayudado. Y el río de aroma siguió a la comitiva y se detuvo junto a una ceiba. Allí la enterraron y colocaron con ella unas tortillas, una mazorca y una calabaza hueca que contenía pozol, para que esta bebida le diera fuerzas, pues el camino al otro mundo es muy largo. No quisieron sacrificar al perro, pues éste ya había decidido quedarse junto a la tumba hasta que su espíritu se reencontrara con el de su ama, como así ocurrió al poco.

Tiempo después de su muerte, aquellos que pasaban cerca de la tumba contaban que no sólo el olor perduraba en el lugar, sino que sobre la piedra había arraigado una singular enredadera silvestre de campanillas blancas de las que salía ese mismo aroma dulzón. Y, como nadie había visto ni olido jamás una flor así, pensaron que era el bondadoso espíritu de Xtabay, y llamaron a su flor «xtabentún», la «enredadera que crece en la piedra».

Cuando Utz-Colel supo de la muerte de Xtabay y de que su cuerpo emanaba aquel profundo aroma a flores, se negó a creerlo:

—Si una mujer que ha llevado una vida tan infame huele a flores en lugar de a pestilencia, entonces cuando yo muera el aroma será tres veces mejor.

*

Como si ambas mujeres hubieran sido dos tallos nacidos de una misma planta, Utz-Colel no tardó en seguir a la despreciada Xtabay al más allá. En el pueblo se organizó un nutrido cortejo fúnebre que acompañó aquel cuerpo igual de virginal que como había llegado al mundo. Como ocurrió en vida de Utz-Colel, los comentarios que se oyeron durante todo el camino eran pura exaltación de sus virtudes:

—Jamás dio un mal paso ni permitió que los placeres tentaran su virtud.

—Podía haber elegido al hombre que quisiera, sin embargo, era tan exigente que se reservó para el mejor, aunque no tuvo vida suficiente para conocerlo...

Apenas habían transcurrido unos días de su enterramiento cuando un nauseabundo olor a podredumbre comenzó a emanar de su tumba y no tardó en llegar al poblado. Para evitar aquella pestilencia vergonzante, su familia llenó el lugar de flores, pero cada día amanecían marchitas e impregnadas del desagradable hedor del cadáver de Utz-Colel.

Con el tiempo también su tumba se cubrió de flores, pero eran muy diferentes de las xtabentún. El duro espíritu de Utz-Colel se había convertido en el cactus tzacam, cuyas flores rodeadas de púas eran de un intenso color fucsia, pero carecían de olor alguno.

—¿Recordáis que ella decía que al morir olería mucho mejor que Xtabay? —preguntó alguien.

Sí, todos lo recordaban, pero prefirieron callar sus comentarios por prudencia. No era bueno hablar ni burlarse de los muertos.

*

En el inframundo, el espíritu de Utz-Colel estaba tan enojado que se dirigió a Xibalbá, un lugar tenebroso habitado por dioses misteriosos y donde los malos espíritus se encargaban de causar la enfermedad y la muerte entre los vivos. Lo primero que hizo fue buscar a Xtabay entre ellos, pues seguía convencida de que ésta se había condenado de antemano por haber vivido en el abominable crimen de la lujuria, pero, para su sorpresa, ni la halló ni habían visto su alma cruzar por ese camino de tinieblas y tormentos. Convencida de que cuanto bueno le había ocurrido a

Xtabay tras su muerte se debía sólo a sus amores en vida, y que si ella hacía lo mismo lograría ser una flor tan embriagadora como la de xtabentún, su espíritu enfurecido hizo un pacto con los espíritus maléficos:

—Está bien, Utz-Colel. Éste es el trato: podrás regresar al mundo de los vivos con el cuerpo de Xtabay para enamorar con sus encantos a cuanto hombre pase por el camino; y, cuando lo consigas, nos los traerás aquí.

Así fue como, tras la muerte de Utz-Colel, comenzaron a aparecer en los caminos cercanos a la selva hombres asesinados con misteriosos arañazos en todo el cuerpo. Todo apuntaba a que el responsable podía ser el dios jaguar, pues éste se movía a voluntad entre los mundos de los muertos y los vivos y resultaba difícil de ver tanto de día como de noche. Sólo cuando algunos supervivientes relataron su escalofriante encuentro en el camino, se supo que no los había atacado ningún jaguar, sino una mujer.

—¿Una mujer? ¡Es imposible!

—Lo juro, estaba junto a una ceiba, casi desnuda. Era tan hermosa que, en cuanto me hizo una seña, me detuve sin pensar —relató uno mientras le curaban las heridas.

—La vi cantando, apoyada en un árbol mientras se peinaba con unas púas su larga melena de pelo negro —contó otro cuando volvió en sí.

—Al acercarme a ella y tratar de acariciarla, ¡su espalda estaba hueca como el tronco de un árbol viejo!— contó, aún presa del terror, un hombre a quien la aparición de unos campesinos lo había salvado de morir.

—Me dijo que se llama Xtabay, y que me ofrecía su cuerpo para mi placer, pero, cuando la abracé, sentí que cientos de púas se clavaban en mi espalda y me abrían las carnes.

Y así se fueron completando los rasgos del espíritu maligno de Xtabay. Ésta utilizaba con sus víctimas varios engaños. Para empezar, se aparecía junto a una ceiba, un árbol del que ningún maya desconfiaría, pues no sólo es un árbol sagrado, sino que es el árbol de la vida. Además, se servía de la fama de Xtabay como mujer que prodigaba su cuerpo entre los hombres que se lo solicitaban, y utilizaba la desnudez de su bello cuerpo, así como el embrujo hipnótico de su canto mientras se peinaba el cabello con grandes púas de tzacam.

—Ven, vayamos a mis habitaciones, donde estaremos más cómodos —les rogaba con voz cautivadora, conduciéndolos a la entrada del inframundo, que se hallaba en la ceiba.

Pero, en cuanto el incauto iba a tomar su cuerpo, era el espíritu de Utz-Colel el que se manifestaba con la dureza que la caracterizó en vida, y lo abrazaba con fuerza clavándole las púas de tzacam hasta que el desgraciado exhalaba su último suspiro. Pues nunca comprendió que Xtabay se entregaba al amor con generosidad y corazón puro.

Así, por más que atrajera a tantos jóvenes incautos que engañaba en el camino, nunca creció ninguna flor hermosa en su tumba, pues su corazón seguía siendo duro y falto de amor, aunque ella aún no lo ha comprendido. Y durante las noches de luna clara el espíritu de Xtabay sigue saliendo a tentar a los hombres, pero su espinoso corazón de tzacam sólo puede ofrecerles dolor y muerte.

Así que, hombres, ¡cuidaos de la engañadora Xtabay!

El enano de Uxmal

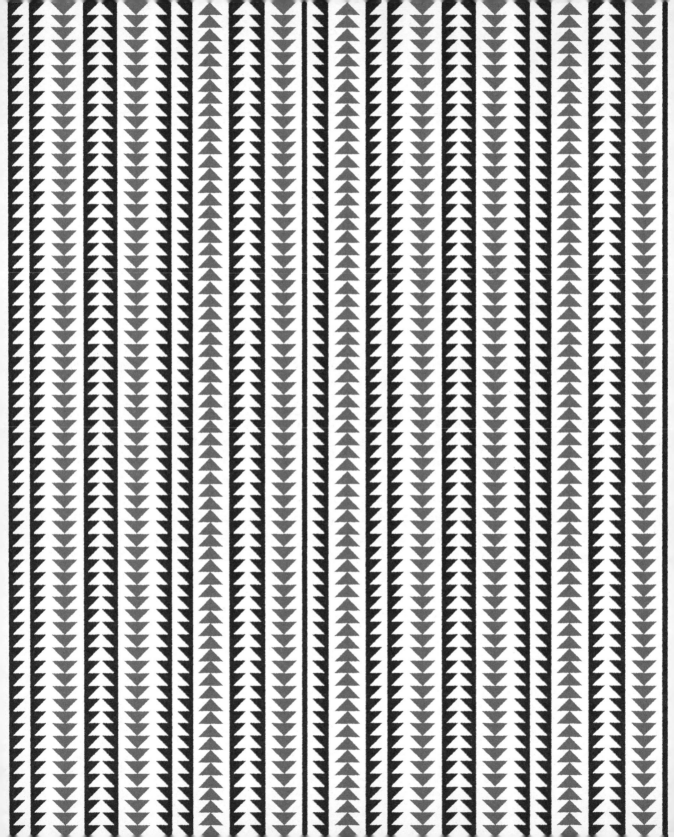

En Kabah, una ciudad yucateca de la región Puuc, vivía una mujer, ya anciana, a cuya casa las gentes acudían para celebrar ciertos rituales. Ella consultaba las estrellas para elegir el momento de llevarlos a cabo o saber si se precisaba una intermediación de los dioses. Era una mujer sabia que había consagrado su vida a la diosa de la fertilidad Ixchel y en su nombre realizaba ceremonias para que la siembra o la recolección tuvieran lugar en la fase idónea de la luna, pero también acudía a la llamada de las mujeres que deseaban tener hijos y no se quedaban preñadas o ayudaba a aquellas que estaban a punto de parirlos.

Su larga vida había transcurrido en estos menesteres, y eso significaba recorrer con frecuencia los intrincados senderos que atravesaban la espesura del llano. Por eso, entre los lugareños era una figura tan habitual como las frondosas ceibas, los robles y las caobas, cuyas ramas se agitaban al paso de los monos araña o de las incontables aves que se refugiaban en sus copas, como si con su griterío quisieran acompañar el paso de aquella mujer sin nombre.

—¿Quién es? —preguntaban los niños, algo impresionados con su vejez, ya que pocos allí llegaban a vivir tanto.

—Es una uay, una bruja que hace encantamientos, ayuda a traer hijos al mundo y esas cosas... —respondía alguna mujer.

—Es una anciana que sabe de remedios para las plantas y las personas —pues por eso la conocían muchos campesinos.

—Sólo es una vieja. Por eso sabe tanto... —decía cualquier otro que no hubiera necesitado nunca de sus servicios.

Entre las obligaciones de la anciana para con la diosa Ixchel se hallaba la de recoger agua a diario y derramarla sobre la tierra para que ésta fuera fértil. Solía aprovechar sus ires y venires para recogerla de los cenotes, pues allí moraban los dioses. Así que, después de tantos años, no le quedaba una sola caverna con agua a cielo abierto por descubrir; sin embargo, hacía tiempo que deseaba acceder a una subterránea de la que había oído hablar, donde el agua era más pura y apropiada para los rituales de fertilidad. Y, por fin, un día se le presentó una buena ocasión para ir en su busca.

—¿Dices que después de mi última visita no has notado nada? —le preguntaba la anciana a una joven que meses atrás había acudido a sus servicios para quedarse encinta.

—Nada... —respondía, desilusionada.

—Está bien. Esta vez me acompañarás tú a una morada escondida de Ixchel para bañarte con su agua durante la luna llena. No sé muy bien dónde se halla, pero me ayudarás a encontrarla.

Días después, las dos mujeres partieron siguiendo las instrucciones que le había dado el chamán a la anciana. Tenían que localizar primero un gigantesco ficus cuyas raíces bebían de un cenote a cielo abierto; éste, a su vez, se comunicaba con una cueva donde se hallaba una gran poza subterránea. Se decía que sus aguas eran las más puras y eficaces para la fertilidad.

—La entrada se encuentra en la cara norte del peñasco, busquemos donde crece musgo —le indicó la anciana a la joven, que iba delante de ella tanteando la pared de una gran roca.

—Ya la veo —respondió ésta mientras, seguida de la anciana, despejaba de lianas y enredaderas la pared rocosa y desaparecía tras la vegetación.

Una vez adentro, la oscuridad era total. Desde donde estaban se podía oír un goteo intermitente que caía sobre agua a unos metros bajo sus pies.

—Encenderemos un fuego aquí arriba para que nos ilumine el camino de bajada. La piedra está húmeda y sería fácil resbalar en la oscuridad —habló la anciana.

Entonces ésta sacó de su bolsa una pequeña madera con un orificio y una varilla que se puso a frotar. Cuando la madera comenzó a humear, acercaron un puñado de yesca seca que ardió enseguida. Iluminadas por la pequeña fogata, las dos mujeres descendieron varios metros por una bajada natural que discurría junto a la pared de la cueva y que terminaba en una poza circular de aguas turquesas.

Ambas se dirigieron a la divinidad en silencio para mostrarle su respeto y rogarle para que aquella mujer pudiera concebir un hijo sano.

—Ahora, desnúdate y arrodíllate —le pidió la anciana.

Ésta realizó sus ensalmos, cantó y caminó varias veces alrededor de la joven mientras le arrojaba flores blancas de plumeria, y luego frotaba su vientre delicadamente con el agua de la cueva. Cuando hubo terminado, se acercó de nuevo a la orilla para llevarse consigo el agua que necesitaba ese día y se quedó mirando fijamente a un punto iluminado por el resplandor del fuego.

—Acércate, muchacha, yo no veo bien. ¿Qué es eso? —preguntó la anciana mientras fruncía los ojos. En sus sienes brotaron tantas arrugas que parecía imposible que la cupieran en el rostro.

—¡Ay, sí! ¡Qué piedra tan bonita! —exclamó la mujer mientras alargaba la mano hacia lo que parecía una piedra azul.

—¿Piedra? ¿Es que nunca has visto un huevo de quetzal? —replicó la anciana arrebatándoselo de la mano y guardándolo cuidadosamente en su morral.

—¿Huevo de quetzal? ¿Crees que es una señal de que al fin mi vientre será fértil?

—Demasiadas señales se ven en las estrellas esta noche como para no verlas. Confiemos en que la diosa ponga entre tus brazos la criatura que tanto ansías.

Y con aquel huevo azul moteado y brillante, la anciana regresó de madrugada a su choza y se dispuso a descansar. Antes de echarse en su jergón, cubrió el huevo con un paño tejido en un templo que en ocasiones utilizaba para rituales.

—Ven junto a mí, pichoncito. Yo te daré calor —dijo arrimando el envoltorio al hueco que formaba su estómago—. Seguro que un ave de rapiña te robó del nido y la diosa Ixchel la castigó dejando que te cayeras de sus garras en las aguas que van a la poza —murmuró dirigiéndose al huevo.

Al cubrir con su mano el paño y llevarlo junto a su vientre, se estremeció. Ella, que había ayudado a tantas mujeres a concebir y traer a sus hijos al mundo, moriría sin haber podido abrazar a un hijo propio. Pero era demasiado tarde: en su cuerpo no se podría producir ya el misterio de la creación humana ni aunque se lo pidiera a la mismísima Ixchel.

Durante los dieciocho días que siguieron, cada noche, al acostarse, se acurrucaba en su hamaca acomodando el huevo envuelto en su paño junto a su vientre. Antes de caer vencida por el cansancio de sus largas jornadas hablaba con él:

—De haber tenido un hijo, le habría enseñado todo cuanto sé —decía susurrando como cuando rezaba a la diosa—. Sabría cultivar las plantas y conocerlas para comer y curarse, y darle forma al barro para crear sus propias vasijas. Le enseñaría a tejer para que nunca le faltara una buena manta y, sobre todo, a leer en las estrellas la voluntad de Kukulkán. Sería el muchacho más inteligente de Kabah y aun de Uxmal...

Y así se dormía la anciana, con un sueño tan dulce y profundo como el que acompaña a muchas mujeres encintas.

Hasta que un día la despertaron unos ruiditos extraños y, al ir a incorporarse, algo se le clavó en la palma de la mano. Miró la manta y vio fragmentos del cascarón azul moteado.

—Pero ¿a quién tenemos aquí? ¡Tú no eres un polluelo de quetzal! —exclamó la anciana apresurándose a tomar con sus manos aquel diminuto niño de piel morena, que movía sus labios como si ya quisiera comunicarse y abría sus ojos por primera vez ante su madre anciana.

Semana tras semana, aquella singular criatura fue desarrollándose, veloz, hasta alcanzar la talla de un niño de siete años. Su progreso era asombroso, tanto en el caminar como en el habla, pero no así en la estatura. En el vecindario, el niño pronto hizo amigos porque era muy locuaz y atrevido, y se apuntaba a todas las travesuras que hacían los muchachos. Pero, por encima de todo, destacaba por su curiosidad, que, al fin y a la postre, era lo que más le hacía aprender.

—¿De dónde ha salido este niño? —le preguntaban sus vecinos a la anciana.

—¿Te creerías si te digo que del huevo de un quetzal? —respondía ella sabiendo que a las personas lo que más les cuesta creer es la verdad.

—Bueno, rápido y pequeño como un quetzal sí que es... —le contestaban tomándose a broma la respuesta de la anciana.

—Ahora es pequeño. De mayor será grande entre los grandes —vaticinaba ella, orgullosa de que su hijo fuera un enano: eran los únicos seres que quedaron en la Tierra tras el diluvio y que se encargaron de enseñar a los nuevos pobladores los conocimientos elementales.

*

Fiel a sus ancestros enanos, el hijo de la anciana tuvo sed de aprender desde siempre. Ella respondía a sus dudas enseñándole cuanto sabía o cuanto él podía aprender según la edad, que no era poco. Los enanos eran seres tan prodigiosos que los gobernantes los buscaban como consejeros, pues su inteligencia y su manejo del poder era proverbial.

—¿Dónde has estado hoy, hijo? —le preguntó una noche la anciana sabiendo que éste le contestaría que había estado en alguna cueva o en un cenote, lugares donde moraban las divinidades; sin saberlo, estaba en la naturaleza del niño estar cerca de las moradas de los dioses.

—Hoy hemos ido a bañarnos y he ganado a todos en resistencia bajo el agua —le contaba satisfecho a su madre, que se mostraba siempre maravillada de las destrezas físicas que iba adquiriendo su hijo a pesar de su tamaño.

—Eso sería después de ir a la milpa, ¿no? —lo interrumpió ella, que le inculcaba que por encima de todo tenían que ayudar a la comunidad.

—Sí, fui a verlos y les aconsejé que hicieran un té de las hierbas que me indicaste para que los insectos no encuentren gusto en las hojas del maíz y se las sigan comiendo.

—No sabes cuánto me alivia que hagas todo eso que antes tenía que hacer yo. ¡Me siento muy orgullosa de ti, hijo! —le respondió.

Luego, como cada noche, se puso a remover las cenizas del fogón con un palo, estudiando con atención la cima de la montañita que había hecho. Después volvió a nivelar las cenizas.

—¿Por qué haces eso, madre? Parece que escondas algo.

—¿Qué podría esconder? Es una manía que tengo. Me gusta cerciorarme de que no quedan brasas encendidas antes de irnos a dormir.

Pero el muchacho no podía reprimir la curiosidad. Así que decidió no quedarse más tiempo con esta inquietud y trazó un plan para descubrirlo. Al día siguiente, antes de que la anciana se dispusiera a ir a por agua, le hizo un pequeño orificio en la vasija. Su intención era que ésta tardara en llenarse para que su madre permaneciera más tiempo fuera de casa, lo que le daría tiempo para hacer sus indagaciones.

Antes del anochecer, en cuanto la anciana se fue con el cántaro, el muchacho cogió el palo de remover las brasas y comenzó a hurgar en el montón de cenizas. De repente, apareció un objeto que no había visto jamás. Era como un pequeño tronco hueco y cerrado por ambos extremos con unas incisiones en el medio.

—¡Ajá! ¡Sabía que escondía algo! —exclamó, orgulloso.

Luego desenterró también dos sonajas de madera, que le dieron la pista de que servían para percutir en el tronco.

Llevado por un impulso, el muchacho se puso a golpear el pequeño tronco, y cuantos más sonidos salían de él, más se iba entusiasmando, entregado a su percusión como en un trance. Arrancaba al instrumento tañidos difíciles de definir, parecidos al quejido de los árboles obligados a inclinarse por la fuerza de un ciclón. Sin embargo, quienes lo oyeron desde la lejanía pensaron que se parecía a la llamada a la guerra de los pueblos de la selva. Era un sonido ancestral, triste y profundo, que cesó de inmediato ante la irrupción de la anciana en la vivienda.

—¡Que Kukulkán nos proteja! ¡Suelta ese *tunkul*, insensato! —le reprendió su madre arrancándole el instrumento de las manos.

—¿Se llama *tunkul*? ¿Pero por qué lo escondes? —quiso saber él, sin comprender.

—No sabes lo que has hecho… —respondió ella, más nerviosa de lo que nunca la había visto su hijo.

—Sólo quería probar a ver cómo sonaba, no he matado a nadie —se defendió él.

—Aún te quedan muchas cosas por aprender, y una es que el *tunkul* sólo lo pueden tocar reyes y sacerdotes, pues su música habla. Es un código, y está escrito que quien lo haga sonar será quien se anuncie como nuevo rey de Uxmal.

—No creo que nadie me haya oído —replicó como un adolescente que trata de quitarle importancia a las supuestas exageraciones de los adultos.

—Pronto lo sabremos —le respondió su madre con una expresión grave en el rostro mientras volvía a sepultar bajo las cenizas el instrumento.

*

Aunque Uxmal se hallaba a escasos veinte kilómetros de Kabah, el retumbar del *tunkul* que con tanta pasión había golpeado el muchacho resonó en los oídos del rey, quien enseguida se alarmó y envió a varios soldados a apresar al que lo hubiera tocado. En Kabah todos supieron indicarles de dónde había salido aquel extraño sonido quejumbroso y solemne, y los soldados se dirigieron a la casa de la uay.

—No es a ti a quien venimos a buscar, anciana —dijo el líder de los soldados—. No parece que tus manos tengan fuerza suficiente para tocar el *tunkul*.

—Creo que me buscáis a mí, entonces —respondió con valentía el muchacho, que dio un paso al frente con ánimo de proteger a su madre—. Fui yo quien lo hizo sonar.

—Si lo que dices es verdad, tenemos que llevarte ante el rey de Uxmal. Ella puede quedarse.

—De ninguna manera —intervino la anciana—, yo lo acompañaré, es mi hijo.

El poderoso rey de Uxmal era un hombre fuerte, curtido en la guerra. Cuando tuvo ante sí al muchacho, lo observó de arriba abajo, sin disimular la sorpresa que le producía que fuera un enano quien tuviera pretensiones de destronarlo. Sin embargo, la profecía era clara: quien tocara el *tunkul* sería el nuevo rey. Pero ni aquel enano de Kabah ni su anciana madre tenían la apariencia de poseer aptitudes de gobierno. Más bien parecían dos desgraciados. El rey miró al joven y esbozó una sonrisa cargada de prepotencia mientras le decía:

—¿Y eres tú el gran guerrero que pretende arrebatarme el trono?

—No soy un guerrero y no deseo quitarle nada a nadie —respondió el enano—. Pero si la profecía ha de cumplirse, no dudes de que así se hará, quiera yo o no.

—Dicen que eres muy sabio para tu edad. Dime, ¿cómo podría yo librarme de esa profecía?

—Te lo diré si ordenas construir un camino que una nuestras ciudades. Hace tiempo que no haces nada por el pueblo y los campesinos de Kabah pasan muchas fatigas para traer sus productos a Uxmal. Esto quedará en la memoria de las gentes, que tendrán un motivo para estarte agradecidas y no desearán que venga otro a reemplazarte.

Convencido de que había mucha sensatez en ese consejo, ordenó a su ejército que se pusiera a construir una calzada siguiendo las indicaciones del hijo de la anciana, lo que demostró al pueblo las habilidades constructoras que se les atribuía ancestralmente a los hombres de su talla. En apenas dos jornadas, se trazó un camino que conectaba los templos principales ubicados entre ambos pueblos para que la gente tuviera más fácil acceso. Se empleó piedra para que la lluvia no lo embarrara y estuco blanco con el fin de que cuando llegara la noche se reflejase en éste la luz de la luna: así los viajeros podrían seguirlo sin problemas en la oscuridad. Un arco en cada extremo indicaba el principio y el final del Camino Blanco o *sacbé*, como se llamó en maya.

—Muy bien, enano. La calzada está terminada, y no mientes cuando dices que tú no tienes interés en ser rey... ¿Me dirás de una vez cómo eludir la profecía?

—El de rey es un puesto importante del que depende el bienestar de mucha gente. Por tanto, para demostrar que el gobernante es legítimo seguiremos las costumbres de nuestros antepasados. Ambos nos someteremos a una prueba.

—¿Y qué prueba es ésa?

—Un verdugo partirá sobre nuestras cabezas el contenido de cuatro canastos de cocoyoles —dijo refiriéndose a las duras semillas de un tipo de palmera que crecía en aquella zona—. La cabeza que resista los golpes sin quebrarse será la del rey.

Consciente de que la prueba podía ser muy dolorosa, el rey trató de ponerle trabas al enano.

—Antes quiero comprobar que eres tan inteligente como dicen y que esa prueba que propones no es el fruto de una chifladura tuya.

Y, a continuación, el rey de Uxmal le puso a prueba formulando una pregunta tras otra en un intento por demostrar que el pretendiente a rey era un simple necio. Sin embargo, la sabiduría inculcada por su anciana madre y cultivada por su propia curiosidad permitieron al enano contestar correctamente todas y cada una de las cuestiones, hasta que llegaron a la última:

—Dime, ¿cuántos frutos penden de esa ceiba?

Después de aproximarse al enorme árbol que echaba raíces en el patio de entrada del palacio del rey, el enano miró hacia arriba e hizo el gesto de sostenerse el lóbulo de la oreja, como si escuchara algo con atención.

—El murciélago, señor del crepúsculo que habita entre sus ramas, me acaba de decir que anoche había veintinueve —y prosiguió—; pero ha sentido que esta mañana se caían algunos al suelo. Miradlos ahí —dijo señalando unos frutos a los pies del árbol—, la ceiba ha perdido dos frutos, así que tiene veintisiete.

El rey, asombrado por la respuesta y asustado por la mención del murciélago, deidad de la noche que se aparecía en los sacrificios por decapitación, no tuvo otro remedio que continuar con la prueba para no parecer cobarde ante sus súbditos. No obstante, los nervios no entorpecieron su astucia, pues tuvo una última exigencia que hacer al muchacho:

—Acepto tu prueba, pero tú serás el primero.

La anciana se acercó a su hijo y, con la excusa de peinarlo, introdujo entre los mechones de su cabellera una laja de pedernal que quedó bien oculta bajo la coleta alta que le había hecho. Luego, el verdugo procedió a aplastar uno a uno los cocoyoles sobre su cabeza mientras el enano permanecía sentado en el suelo con las piernas cruzadas y los ojos bien abiertos. Cuando golpeó con el mazo el último cocoyol del cuarto canasto, el muchacho se levantó empapado en los jugos de los frutos y se dirigió con paso decidido hacia el rey, indicándole con la mano que era su turno.

Comprendiendo que había llegado su hora, el rey prefirió aguantar los golpes de pie, pero al tercer cocoyol su cabeza se desgajó en dos y murió allí mismo.

*

El nuevo rey de Uxmal fue llevado en andas y entre vítores a lo largo del camino blanco que iba hasta Kabah, pasando por Nohpat. El pueblo lo aclamaba con júbilo, pues hacía largo tiempo que el rey fallecido había dejado de contar con el afecto de sus súbditos.

En sus primeros días de reinado, siguió los consejos de la anciana y no quiso destruir los edificios del anterior gobernante, sino que los destinó a otras funciones. Y como ya se sabe que los enanos son dados a construir ciudades, diseñó un gran edificio destinado a ser su palacio, que se llamó la Pirámide del Adivino, aunque las gentes acabarían llamándola la Pirámide del Enano de Uxmal. Para su madre hizo levantar una morada propia con todas aquellas comodidades que la pobre no había tenido jamás, donde pudiera descansar de su larga vida entregada a los demás: a este edificio lo llamaron la Casa de la Anciana.

Mientras el rey de Uxmal siguió los consejos de su madre de procurar el bienestar de sus súbditos, la ciudad floreció, creció y se construyeron importantes obras de uso público que disfrutó toda la comunidad. Sin embargo, cuando la mujer falleció, su recuerdo no sería suficiente para que el rey tuviera presentes sus obligaciones.

Éste acabó entregándose a sus deseos y caprichos, que costeaba con el dinero de las recaudaciones y, como éstas siempre le parecían insuficientes, no tardó en exigir más y más. La gente del pueblo, muy cansada de deslomarse únicamente para el beneficio de aquel rey egoísta, comenzó a abandonar los campos, pues ya no les compensaba el esfuerzo. También entonces dejaron de reparar sus casas porque no tenían dinero para ello, y Uxmal no tardó en verse sumida en la decadencia. La principal ciudad de la región Puuc pasó a ser un lugar triste, gobernado por un rey orgulloso y vanidoso, que no tardó en ver las señales de que los dioses lo habían abandonado.

—Si ya no cuento con el favor de los dioses, yo construiré mi propio dios —se dijo a sí mismo.

Entonces se puso a trabajar el barro hasta crear una figura que le complació y que se parecía mucho a él. Luego la coció en un horno, y el barro creció y adquirió una superficie brillante y dura. Cuando la figura estuvo lista proclamó a sus súbditos:

—¡En Uxmal tenemos nuestro propio dios! ¡Arrodillaos ante él, pues él nos devolverá la prosperidad!

El pueblo contempló aquel ídolo de barro con asombro y miedo.

—¡Ha movido los ojos! —exclamó alguien al ver que los ojos de la figura parecían seguirle allá donde se pusiera.

—Ayer al atardecer tenía la pierna en otra postura —se sorprendía otro; ignoraba que las habilidades del rey habían logrado que cuando el sol o la luna se reflejaban en la cerámica, el ídolo parecía tener movimiento.

—¡Eso son señales de que el dios os habla! —les decía el enano con astucia.

Así siguieron las cosas durante un tiempo, época durante la cual a las gentes de Uxmal se las conoció como *kul katob*, o adoradores del barro. Pero los verdaderos dioses estaban disgustados por los continuos engaños del rey y por su falta de respeto a las divinidades antiguas. Así que creyeron necesario castigar su soberbia y la necedad de su pueblo. Enviaron un huracán cuyos vientos se llevaron casas y gentes por igual, como si barrieran todo aquello que estaba de más en el lugar, incluido al propio rey, que hallaría su fin ahogado por el peso de sus presuntuosas joyas e innecesarios adornos.

Grande fue esta devastación y, sin embargo, a ella sobrevivieron tres grandes construcciones de las que podemos aprender mucho: la Pirámide del Enano de Uxmal nos enseña que ser distintos a otros no nos hace inferiores ni nos impide llegar a lo más alto; la Casa de la Anciana nos recuerda que si nos falta la experiencia de nuestros mayores somos vulnerables al peligro de olvidar nuestra herencia cultural; y el Camino Blanco nos recuerda la importancia de que los gobernantes construyan en pos del bienestar común.

La leyenda

de los

aluxes

Entre los mayas se cuenta que, cuando los dioses crearon todas las cosas y seres de la naturaleza, encargaron a los chamanes velar por su obra. Como éstos no podían llevar a cabo solos esta misión, hicieron con barro a los cuidadores de la naturaleza, unos geniecillos del bosque que en idioma maya llaman *aluxes*. Les dieron aspecto de ancianos, de un único sexo, estatura de niño de cuatro años, y los concibieron tan traviesos como criaturas. Quienes habitan en esas tierras los respetan, pues ignorarlos tiene sus consecuencias...

Tal cosa le ocurrió, según cuentan, a una familia que vivía en un lugar próximo a Yaxchilán, en Chiapas, donde existe el templo de los Aluxes. No lejos de allí residían unos campesinos que, desde hacía varias generaciones, subsistían de lo que obtenían del campo. La familia la integraba un matrimonio anciano, su nuera y su nieto. Aunque humilde, el abuelo era considerado un agricultor próspero al que nunca le faltaba lo necesario. La fortuna le sonreía, pues incluso en las peores sequías obtenía buenas cosechas.

La situación cambió cuando la muerte visitó por segunda vez la casa y el anciano murió; la primera vez se había llevado al único hijo del matrimonio. Fue ésta la razón por la que el nieto, quien se había marchado a los dieciocho años a probar suerte en la ciudad, volvió para estar presente en los funerales de su abuelo. Un día antes de marcharse de allí, sentados frente al fogón donde siempre lo hablaban todo, la abuela se dirigió así al nieto:

—Hijo, ve a solucionar tus cosas allá, pero vuelve. Ahora debes ocuparte de la tierra, porque es mucha tarea para tu madre sola, y no tenemos otro medio para salir adelante.

—Abuela, tienes razón, no puede decirse que haya progresado en la ciudad tanto como pensaba —le respondió resoplando—, pero sabes que tampoco me atrae el campo. Nunca me interesó cultivar la tierra.

—Aquí por lo menos tienes un techo que no has de pagar y, si empiezas por entender las leyes de la naturaleza, serás tan buen campesino como tu abuelo y tu padre —argumentó la abuela.

—¿Qué leyes de la naturaleza?

—Esas que marcan la diferencia entre una buena o una mala cosecha, las que te dicen que, si siembras calabaza a los pies del maíz, el suelo se mantendrá húmedo y ayudará a crecer la planta. Y tantas otras que se necesita más de una vida para aprenderlas.

—Puede que en un principio no tengas mucha habilidad para cultivar —intervino su madre—, pero, como en todo, en el campo se aprende cada día a sacar provecho de la tierra.

Sin mucho convencimiento, el muchacho aceptó seguir los pasos de los hombres de su familia. Pero el pasar del tiempo no hizo desaparecer su descontento y, en cuanto se hallaba a solas en la milpa, desahogaba su frustración maldiciendo su suerte y ahuyentando a cuanto animal cruzara el sembrado y a cuanto pájaro osara posarse allí, pues los culpaba de que últimamente aparecían brotes de nuevas plantas desenterrados. Como ya habían previsto su abuela y su madre, en su primera cosecha no obtuvo ni la mitad que su abuelo y eso acabó por desmotivarlo.

—Me levanto antes del alba, camino kilómetros montaña arriba, me deslomo limpiando y sembrando, ¿para esta miseria? —exclamó enfadado el día en que regresó del pueblo con las escasas ganancias de la venta del maíz.

—Al año que viene será mejor. Además, yo he duplicado la venta de sabucanes —le animó su madre refiriéndose a los morrales de fibra vegetal que usaban los campesinos—, y la abuela se ha puesto a tejer de nuevo chales de algodón.

—Como dice tu madre, nosotras completaremos lo que saques de la cosecha. Pero recuerda que en pocos años no podré tejer más con estas manos —apuntó su abuela mostrándole sus dedos artríticos.

Sin embargo, a pesar de que las dos mujeres le animaron y no le recriminaron la pérdida de ingresos, él se encargaba de reprochárselo a sí mismo rumiando pensamientos destructivos que trataba de apaciguar con el licor, lo que le quitaba energía para el arduo trabajo diario de la milpa. Y de esa manera la situación sólo podía empeorar...

*

Una mañana, el milpero sobrevenido se hallaba holgazaneando en la hamaca que su abuelo había colgado bajo el *pasel*, un techado rústico de hojas de palma para refugiarse de la lluvia y protegerse del sol. Tenía una mano debajo de la nuca y en la otra sujetaba una botella de *pox*, un aguardiente de maíz y caña que solía comprar en el colmado del pueblo. Aunque no eran ni las diez de la mañana, empezó a entrarle sueño hasta que algo le despertó.

—Toc, toc, toc, toc, toc, toc...

—¡Vuela ya del techo, pájaro del demonio, y déjame descansar! —exclamó, airado.

—¡Fuiiii! —un silbido humano le atronó el oído tan fuerte que se levantó de la hamaca como un resorte.

—¿Quién anda ahí? —preguntó mirando en todas las direcciones.

Nadie apareció, pero tuvo la sensación de que alguien lo observaba. Como después del sobresalto se había espabilado, se levantó a por el almuerzo que guardaba en su sabucán.

—Si lo dejé junto al machete... —murmuró, extrañado de no encontrarlo.

Continuó buscándolo en los lugares donde acostumbraba a dejarlo, pero no se veía por ninguna parte. Resignado, se conformó con llenar el estómago arrancando un zapote de uno de los frutales que delimitaban el terreno. Se disponía a cortarlo cuando oyó claramente pasos a sus espaldas. Dirigió la vista a los tallos de maíz, que ya levantaban medio metro del suelo, pero no distinguió animal alguno. «Desde luego, si es un animal, no es chiquito», pensó, poniéndose en alerta.

—¿Quién anda ahí? —preguntó.

Una piedrecita cayó a sus pies, haciéndole saltar, espantado, hacia atrás. No se veía a nadie, estaba solo, pero tenía la convicción de que lo miraban. Otro guijarro le atinó esta vez de lleno en la frente y, mientras se frotaba la piel dolorida, oyó claramente una risita. Esta vez se asustó tanto que salió al camino, desde donde había más visibilidad, sin soltar su machete, listo para responder a cualquier ataque. Había oído muchas historias de maleantes que se escondían en el monte para robar a los campesinos lo poco que tenían. Así que decidió no exponerse más y regresó a su casa dando zancadas y sin dejar de mirar atrás. De pronto se detuvo al divisar a un lado una rama en la que se balanceaba ¡su sabucán!

—¿Esto es un juego? —gritó dirigiéndose al aire, convencido de que alguien lo escuchaba—. ¡Pues no le veo el chiste! ¡Sal si te atreves!

Descolgó el morral mirando a derecha e izquierda por si había alguien escondido, dispuesto a asaltarle. Ni se entretuvo en abrirlo para ver si faltaba algo: se limitó a colgárselo cruzado sobre el pecho y apretó el paso. Nunca la distancia a su casa le había parecido tan larga.

—Regresas muy temprano —le dijo su madre, dándose cuenta de que algo iba mal.

—Había alguien merodeando en la milpa —le contestó después de beber agua de un cuenco, pues había caminado velozmente bajo el sol del mediodía.

—¿Cómo sabes que era alguien y no un animal?

—No conozco ninguno que se lleve sabucanes y los cuelgue de las ramas..., y menos que silbe.

—¿Dejaste alguna cuenta por saldar en la ciudad? —preguntó, inquisitiva, la madre intentando hallar explicación.

—Allí no he dejado ni amigos ... —respondió, contrariado.

Al día siguiente, la mujer insistió en acompañarlo a la milpa.

—Cuatro ojos ven más que dos, y de paso recogeré bejucos para tejer, este mes tengo más pedidos —dijo la mujer.

Ese día, madre e hijo hicieron en silencio el camino hacia el bosquecillo del monte donde se hallaba el terreno. Él iba atento a los ruidos y las sombras de la escasa luz del alba; ella rumiaba pensamientos agoreros acerca del porvenir de su hijo si no acababa de sentir apego por la tierra.

Una vez en el maizal, mientras su madre se alejaba para recoger los bejucos, el muchacho comenzó su trabajo de arrancar malas hierbas, pero esta vez no quiso probar el licor. Dudaba de si acaso todo cuanto había visto y oído eran alucinaciones causadas por la bebida. No había pasado mucho tiempo cuando la mujer oyó renegar a su hijo y, al mirar hacia él, lo vio protegiéndose el rostro en medio de un remolino de hojas y tierra. Fue corriendo hacia él y, nada más entrar ella en el terreno, el viento se calmó y ambos pudieron oír claramente una risa infantil que les heló la sangre.

—Acércate, niño, no te haremos daño, somos gente de bien —dijo conciliadora la madre, suponiendo que era un niño quien se reía.

—Gente de bien, gente de bien, gente de bien... —El eco de las palabras se repitió hasta que su hijo, con menos temple que ella, exclamó:

—Sea lo que sea que buscas, nada obtendrás de nosotros... ¡Aayyy! —gritó poniéndose la mano en la cabeza donde acababa de atinarle una piedrecita.

Comprendiendo que se enfrentaban a algo no humano, que tanto podía ser un demonio como un fantasma, abandonaron la milpa precipitadamente, temerosos de aquel enemigo invisible.

*

En cuanto llegaron a su casa, le contaron todo a la abuela, quien les escuchó con atención y, tras un rato pensativa, dijo:

—Estoy segura de que contáis la verdad, pero todo eso no es cosa de demonios del bosque ni de muertos. Son aluxes. Es lo que hacen desde el principio de los tiempos, todo el mundo lo sabe.

—¿Aluxes?, ¿qué es eso? —preguntó su nieto.

—Nadie a quien tengáis que temer, pero sí que está claro que están enfadados. Cuando se molestan, hacen ese tipo de cosas que me habéis contado.

—¿Y de dónde han salido? ¿Y por qué me atacan a mí? —preguntó el nieto.

—En mi tierra nunca oí hablar de seres semejantes —añadió su madre.

—¿Has visto en las esquinas de nuestra milpa unas estatuas pequeñas de barro que parecen duendes? —le preguntó la abuela al muchacho.

—Sí, los quité porque me estorbaban.

—¡Qué insensato! Son las casas de los aluxes, allí se les deja regalos y comida a cambio de que protejan la milpa. Cada año tu abuelo les ponía esas ofrendas para que vigilaran el terreno. Supongo que al morir debieron de quedarse cuidando de la tierra en espera del siguiente dueño: es lo que dicen.

—¿Son espíritus?

—No, *m'hijo*, no. Son unas criaturas que se encargan de cuidar el campo y los montes, pero hay que seguir las reglas o se enfadan.

La abuela capturó enseguida la atención de madre e hijo, que la escuchaban a la luz de la lumbre mientras removía un guiso en el caldero.

—Casi nadie puede verlos, aunque, si quieren, se dejan sentir, como los que habéis notado vosotros. Si pueden moverse sin ser vistos, es porque los chamanes hicieron sus pies como los de las lagartijas para que se desplazaran con agilidad; sus piernas las formaron con carne de venado para que fueran veloces, y sus brazos fueron hechos con carne de mono para que pudieran trepar y escabullirse entre los árboles.

—¿Y los ojos? —preguntó, curiosa, la nuera, a la que aún le parecía sentir que la miraban.

—Para cuidar de la naturaleza trabajan en la noche. Por eso les pusieron ojos de búho. Es en la noche cuando salen de sus escondites, que son cuevas o lugares subterráneos. Es entonces cuando unen con ligaduras los brotes rotos por las alimañas de los sembrados, echan líquidos apestosos para espantar a los gusanos del maíz y tienen un montón de trucos, como secuestrar a los *chaakob*, los dioses de la lluvia, para que trabajen en beneficio del milpero...

—Pues si están tan molestos sólo porque él ha roto esas figuritas... —comenzó a decir su nuera.

—Bueno, digo yo que algo más les habrá disgustado. Hay muchas cosas que detestan, como oír maldiciones o que no se cuide bien la tierra.

—Yo me voy a acostar, no me encuentro muy bien y estos cuentos de viejas me dan escalofríos —interrumpió el muchacho con los ojos vidriosos y la culpa metiéndole prisa por salir de allí.

Su madre, inquieta por saber el motivo por el que aquellas criaturas se hubieran manifestado tan a las claras, permaneció junto a la lumbre escuchando a la abuela.

—¿Crees que es por ellos por lo que siempre hemos tenido buenas cosechas? —quiso saber ella.

—No lo dudes. Mi esposo les construyó una casa con piedras y colocó sus figuras en las esquinas del terreno cuando les pidió permiso para cultivarlas. Nunca se olvidaba de dejarles cada año su *saká* —y le explicó a su nuera que era una bebida que ella misma preparaba con la miel de las abejas del monte y maíz—. Conseguía buenas cosechas porque además de dejar su vida en esa tierra, siempre cumplió el viejo pacto entre los aluxes y el milpero.

—¿Qué pacto es ése?

—Que para recibir su protección hay que darles una gratificación. No se me pasó por la cabeza que tu hijo no supiera que hay que pedirles ayuda para cuidar dc la milpa, para que ahuyenten a los animales que se comen las plantas y a los extraños que entran a robar. No eché cuentas de que son cosas que se enseñan de padres a hijos porque siempre se quedan con el mismo dueño, y para impedir que se marchen cada siete años se cierran sus casas y así no pueden salir.

—Él no sabe nada de eso, ni yo tampoco. Era un niño cuando murió su padre y no le dio tiempo a enseñarle estas cosas —dijo apenada la mujer.

—Ahora han debido de escapar y la han tramado contra él porque no los cuida; por eso se comportan así sólo contra él. Pueden incluso...

—¡Madre, ven, me encuentro mal! —la voz quejumbrosa del muchacho interrumpió el relato de la anciana.

Las dos mujeres acudieron a la llamada del muchacho, que estaba bañado en sudor y tiritando a pesar del calor de la noche. La anciana estuvo observándolo y sentenció:

—Tiene un «mal viento». Eso es lo que te iba a contar ahora, que los aluxes pueden hacer enfermar.

—¡Pero algo se podrá hacer! —exclamó angustiada la madre ante aquel enemigo extraño que atacaba a su hijo.

—Está fuera de nuestro alcance. Sólo conozco a una persona que puede ayudarle, aunque no sé siquiera si vive...

A la mañana siguiente, la anciana salió temprano y le rogó a su nuera que no se preocupara si tardaba y que colgara otra hamaca porque si la suerte le acompañaba no vendría sola. Iba en busca de un *h'men*.

Para llegar a la casa del chamán había que pasar junto a una gruta que la gente conocía como la cueva de los aluxes. La anciana apretó el paso con temor, pero le dio tiempo a ver de reojo un pequeño altar de piedra con cuencos que contenían miel, cigarros y tortas de maíz. Supuso que los dejaba el chamán, pues estaban cerca su choza. Lo había visitado veinte años antes, cuando su hijo enfermó, y se preguntaba si, como en aquella ocasión, también sería demasiado tarde.

Delante de una casa con paredes de hojas de palma secas estaba el hombre al que buscaba y al que reconoció a pesar de tener todo el pelo blanco, porque su rostro sin arrugas parecía no haber envejecido como el de las demás personas. Se lo encontró de pie ante un altar mientras oficiaba una ceremonia. Prudente, la anciana se sentó sobre una piedra a esperar que terminara con su ritual.

—¿Qué puedo hacer por ti, buena mujer? —preguntó el chamán al cabo del rato.

—Mi nieto tiene un mal aire que creo que es cosa de los aluxes —respondió la anciana explicándole por qué lo creía así.

—Ay, esos aluxes... —Meneó la cabeza como quien sabe de qué son capaces estos seres, pero no los teme—. ¿Qué les ha podido hacer tu nieto para que estén molestos? Porque, verás, si algo aprendí de ellos...

—Espera, ¿es verdad que te raptaron de niño? —le interrumpió, tapándose la boca con las dos manos.

—Eso parece: sólo ellos pudieron enseñarme a librar a las personas de sus encantamientos y a curar a la gente. Por lo que me dices, lo de tu nieto es un mal aire de milpa, no de casa ni de piedra. Sé cómo proceder con ése, es el más común por aquí.

La anciana había escuchado de niña la historia de este chamán que había desaparecido con cuatro años mientras estaba en la selva con su padre y su hermano. Tras semanas sin tener rastro de él, lo dieron por muerto, pues ya se sabe que los niños son presa fácil de los jaguares. Hasta que una noche, nueve años después, el muchacho llamó a la puerta de su casa como si nada. Su rostro apenas había cambiado y su cuerpo era el de alguien que no había pasado hambre ni penalidades. Según contaban, él creía que no se había ausentado más de unos cuantos días. Desde entonces le oían cantar canciones que nadie conocía y sabía de remedios que nadie le había enseñado. Todo eso hizo correr el rumor de que los aluxes lo habían secuestrado para convertirlo en *h'men*. Aunque él no recordaba nada.

—Te acompañaré a tu casa para aliviar la calentura de tu nieto, y mañana iré a vuestra milpa para calmar a los aluxes y darles lo suyo. Ya sabes que para ellos es sagrado lo de dar y recibir.

Echaron a andar y, al cabo de varias horas, cuando se divisaba ya la casa, pudieron observar un remolino de polvo que salía del huerto.

—Eso es cosa de ellos —murmuró el *h'men* con preocupación.

—¿Crees que podrían hacer morir a mi nieto?

El hombre se encogió de hombros, lo que inquietó más a la abuela: si nada le había preparado para el dolor de ver morir a un hijo, mucho menos lo estaba ahora para perder lo único que le quedaba de aquél y lo único que quedaría de ella en el mundo, su nieto.

*

El chamán tenía mucho que hacer para devolver la paz a aquella familia, pero empezó por lo que llevaba más tiempo. Preparó una masa de barro, miel y nueve gotas de sangre del muchacho para modelar las cuatro figuras de aluxes que éste, en su ignorancia, había arrojado fuera del cultivo. Siguiendo el ritual, las cuatro pequeñas esculturas tardarían al menos siete semanas en estar listas para tener vida. En esos días, el *h'men* no dejó de prestar cuidados al muchacho.

—¿Cómo se encuentra hoy el chico? —preguntó una mañana el chamán a la abuela al verla salir del cuarto de su nieto.

—Ha estado delirando y se ha puesto a decir tonterías —respondió.

—¿Qué tonterías? —preguntó él con gesto de extrañeza.

—«Vamos a tirar piedras como te enseñé de niño», decía...

El chamán cambió su expresión y se santiguó. Esa noche había una intensa luz de luna, de esas en las que salen los aluxes a hacer sus diabluras. Estaba sentado en el patio cuando vio a un hombrecillo con un sombrero de palma y unas sandalias de campesino bebiéndose el *saká* colocado en el altar. En cuanto el diminuto ser notó sus ojos sobre él, soltó el recipiente de cualquier manera, sopló la vela del altar y desapareció.

—¿Qué ha sido eso? —le preguntó la anciana, ya que ella no podía ver a los aluxes, pero había oído caer el cuenco.

—Abuela, ¿ha visto mi manta? No la encuentro —se oyó a su nuera desde dentro de la casa.

—Me parece que se van a echar en falta más cosas. Hay demasiados aluxes en esta casa y lo peor no es que se estén dejando ver —murmuró con preocupación el chamán—, sino que no pueden ser los de la milpa. Debe de haber alguna cueva o cenote por aquí.

—Pues sí que hay un cenote muy cerca —respondió la anciana, que se había sentado junto a él—. Mi esposo dejaba allí ofrendas porque decía que debajo de nuestra casa había un subterráneo que se comunicaba con el cenote y que, como es un sitio donde se reúnen estas criaturas, no quería que vinieran a molestarnos.

El *h'men* entendió entonces que, al fallecer el anciano y dejar de ponerles ofrendas, los aluxes se habían sentido abandonados en los dos lugares. Así que no sólo estaban haciéndose presentes en la milpa, sino en la misma vivienda. El mal aire era de doble sentido. Tendría que hacer una ceremonia en la casa antes que en la milpa, pues temía por la anciana.

Al día siguiente, el chamán se pasó la mañana quemando hierbas para purificar la casa, dispuso sobre una cubierta hojas de jabín, una ofrenda de copal, chocolate y ajonjolí y, por último, colocó sendos cuencos de *balché* y *saká*, dos bebidas sagradas que les encantaban. Cuando todo estuvo dispuesto, las dos mujeres pusieron flores y el *h'men* comenzó su ceremonia de paz:

—Os pido perdón en nombre de esta familia por haberos molestado sin intención. Ellos siempre os han tratado bien. Os ruego que no alborotéis más en esta vivienda de gente buena y os quedéis en vuestra casa del cenote. Volveréis a recibir vuestras ofrendas cuando retiréis el mal viento al muchacho, a quien nadie enseñó cómo cuidaros.

Entonces, el hombre se detuvo al escuchar una voz familiar que le decía:

—Yo a ti sí que te enseñé a tirar piedras.

Nadie más oyó estas palabras, que fueron seguidas de una risita que atravesó su memoria para devolver el recuerdo de un momento olvidado en el que se veía jugando con los aluxes a tirar piedras.

Siete viernes después, llegó el día de hacer la ceremonia del perdón a los aluxes cuidadores de la milpa. El muchacho ya se había recuperado y entre los cuatro volvieron a levantar con piedras una pequeña casa para ellos a la entrada del terreno. Dentro depositaron varios recipientes del *balché* que tanto apreciaban y que había elaborado la abuela con maíz y miel, y una figura de barro en cada esquina de la milpa. Luego el *h'men* mojó un ramo de diversas hierbas en el licor para salpicar una por una las cuatro figuras. Dio por concluido el ancestral ritual del perdón con estas palabras:

—Os retornamos a esta milpa para que la guardéis de intrusos y alimañas que la quieran dañar. Proteged de ahora en adelante a sus dueños, cuya sangre portáis con vosotros. Y mantened vuestro compromiso de que a estos cultivos nunca les falte agua para que las cosechas sean abundantes.

Poco después abandonaron el cultivo e iniciaron el camino de regreso. El joven milpero lo escrutaba todo con desconfianza, como si aún esperara recibir una última pedrada para recordarle que la naturaleza tenía muchas leyes que, por más inexplicables que fueran, había que respetar.

Caminaban en silencio, cada uno absorto en sus pensamientos, pero todos en alerta. De pronto, se detuvieron al unísono al oír un ruido que provenía de un maizal. Algo se les aproximaba aplastando la hojarasca, algo veloz como los pies de una lagartija. Madre e hijo, que iban delante, contuvieron el aliento el tiempo de ver salir de entre los tallos a un ratoncillo, que echó a correr al verlos. Una risita a su espalda les heló la sangre hasta que, al darse la vuelta, vieron a la abuela sujetándose la barriga mientras se reía de ellos por el susto que se habían dado.

El enfado de Chaac

La

GUARDIANA

DEL

AGUA

El *halach uinic*, soberano de Uxmal, caminaba arriba y abajo del salón del trono mientras escuchaba el informe de su *nacom*, el jefe del ejército. De pronto se detuvo e hizo un gesto con la mano a un criado pidiendo agua. El sonido del chorro al caer fue breve, sólo podía haber llenado tres dedos del guaje, como se había dispuesto en todo el palacio. Limitar el consumo de agua era una de las medidas urgentes que se había visto obligado a imponer. Debía dar ejemplo, pero tenía la lengua pastosa. Ese día la humedad, el calor y las noticias que recibía de sus hombres eran asfixiantes.

—Te envié a encontrar alimento y recaudar los tributos y regresas sin grano y sin apenas prisioneros...

—Mi señor, la gente defiende a muerte sus cosechas y la resistencia es feroz. Hemos pasado muchos días atravesando la selva, viendo a los hombres perder las fuerzas por el calor y la sed. Es difícil encontrar agua en nuestro valle. Inspeccionamos cuanto *chultún* encontramos —dijo refiriéndose a los depósitos subterráneos donde algunas familias atesoraban el agua—, pero están todos secos.

—¿Al menos habéis recaudado los tributos de las cosechas?

—Esto es todo lo que nos han dado. —El recaudador que acompañaba al *nacom* le entregó cabizbajo unas bolsas que contenían granos de cacao.

—¿Cómo es posible que cada recaudación sea inferior a la anterior? Esos campesinos os toman el pelo. ¿Cómo se entiende que cada vez pidan más licencias para nuevas tierras y sus tributos sean tan ridículos? ¡Nuestra ciudad no deja de crecer y necesitamos recaudar más!

—Es así, señor, pero nunca había visto plantas de maíz tan endebles y cosechas tan mermadas.

—¿Y prisioneros?

—Cerca de una docena. Espero que sean del agrado del gran sacerdote.

El *halach uinic* tomó asiento en el trono de piedra, cuyos laterales representaban al dios de la lluvia, y agarró las trompas del divino Chaac, que sobresalían de los reposabrazos. Desde su posición observó el cuerpo escuálido de aquella docena de niños maniatados que habían sido sorprendidos jugando a las afueras de una aldea donde los campesinos estaban escondiendo parte de la cosecha para no entregar la contribución de grano correspondiente. El griterío de los muchachos alertó a su comunidad y los soldados fueron repelidos con tanta fiereza que tuvieron que abandonar su propósito, si bien se llevaron a unos cuantos de ellos prisioneros.

La escasez de agua y alimentos era ahora motivo de fricción frecuente en aquella zona de la fértil región Puuc, en cuya superficie no había ni ríos ni lagunas ni ninguna otra fuente de agua disponible. Esto les había hecho depender de la lluvia y de los depósitos de agua artificiales para subsistir. Pero, en esos momentos, tras siete años de sequía, estaban desesperados. Las tierras no producían y el pueblo pasaba hambre. Como la ciudad de Uxmal era una de las más pobladas de la región, los sucesivos gobernantes habían respondido a las necesidades de agua construyendo ingeniosos sistemas para su almacenamiento. Los campesinos tenían sus propios depósitos, los *chultunes*, donde guardaban el agua de lluvia para sus cultivos y familias. Además, el Estado había construido *akalchés*, embalses con capacidad para contener miles de litros, gracias a los cuales habían aguantado los primeros años sin lluvia. Pero seguía sin caer ni una gota del cielo y ahora habían tenido que tomar medidas para controlar el uso del agua.

En cuanto el jefe del ejército se retiró, el soberano recibió al *ahuacán*, el gran sacerdote de Uxmal, pues la dramática situación había llevado a intensificar los ritos a Chaac.

—Mi señor, no hemos cejado en nuestro empeño de honrar a Chaac en todo el territorio. Hemos dispuesto que todos los ciudadanos hagan ofrendas diarias en todas las milpas y hogares para que el dios derrame agua sobre nosotros. Sin embargo, hay un nuevo signo de su enojo...

—¿De qué hablas?

—De las ranas. Escuche con atención —dijo el sacerdote indicándole con la mano la galería que daba al patio del palacio desde donde se veía un pequeño estanque, ahora casi seco.

—No las oigo.

—Hace días que ya no envían los mensajes del dios de la lluvia, han enmudecido. ¿Cómo interpretaré ahora las palabras de Chaac?

Tras un largo silencio, el soberano respondió:

—Haremos una gran ceremonia para ofrecerle sacrificios humanos. Eso podría devolverle al dios su confianza en nosotros.

—Por supuesto, mi señor, pero ¿disponemos de prisioneros?

—Sí, y de los que más satisfacen a Chaac. Ve a comprobar si son de tu agrado. Y, si te parecen insuficientes, ordena que los soldados traigan de las aldeas más niños. El sacerdote sabía que sus peticiones le llegaban antes y con más claridad al dios si las pronunciaba durante el sacrificio de niños varones. Así que, tras inspeccionarlos en la prisión, decidió que aquel grupo no era bastante. De inmediato se marchó a la Pirámide del Adivino para estudiar en el cielo la mejor posición de Venus y con ello determinar el día propicio para que otros soldados salieran a capturar más prisioneros

—Esta vez tiene que salir bien —murmuró para sí anticipando en su deseo una gran tormenta que aumentaría su poder en palacio.

El día de la partida del contingente, la inmensa plaza del palacio del gobernador se llenó de ciudadanos llegados para animar a los soldados. Formadas frente a la fachada, cada una de las unidades militares portaba un estandarte del dios Chaac. Como correspondía a Uxmal, los soldados iban bien pertrechados con arcos y flechas, y vestían armaduras ligeras elaboradas con algodón endurecido con sal. Su misión era del interés de todos, pues si Chaac quedaba satisfecho, los cultivos volverían a ser fértiles.

*

Antes de la gran sequía, cuando la ciudad aún era próspera y sus habitantes no conocían el hambre ni las necesidades, una adivina había profetizado que Chaac los abandonaría y, como consecuencia, la hambruna y las enfermedades los empujarían a abandonar el lugar en busca de agua. En aquel entonces, la época de lluvias tenía lugar de mayo a octubre con puntualidad. Así que la gente se mofó de la adivina porque no creyeron lo que anunciaba.

Aquello había ocurrido hacía muchos años, pero alguien lo recordó el día del gran sacrificio a Chaac. Ahora el vaticinio agorero pasaba de boca en boca..., hasta que llegó a oídos del gran sacerdote, razón por la que, tras la ceremonia, unos soldados fueron a buscar a la mujer y la condujeron a palacio. Mientras ésta subía penosamente los peldaños iba pensando que era imposible que aquel enorme edificio hubiera sido construido en una sola noche por el célebre enano de Uxmal.

La presencia de aquella mujer imponía a todo el mundo, no sólo por la autoridad que le confería su don, sino por su rostro de piel cuarteada en el que destacaban unos ojos de color tan vivo que, como alguien le había dicho de niña, eran como una luz en la oscuridad. Y eso mismo describía su gran habilidad: poder ver en las tinieblas del porvenir.

El gran sacerdote la estaba esperando impaciente, ya que, justo cuando se le estaban acabando los ritos para hacer hablar al dios, le había surgido la idea de servirse de la adivina. Cuando la mujer entró en la sala, la saludó con una respetuosa reverencia y le agradeció la visita.

—Me halaga que un sacerdote que habla con los dioses necesite algo de mí.

—Verás, me ayudaría saber si el dios tardará mucho más en escuchar mis súplicas. He hecho todo cuanto sé para que Uxmal vuelva a congraciarse con Chaac y éste nos envíe la lluvia, pero las únicas gotas que caen son las del sudor de los ciudadanos. Si consiguieras ver cómo se resolverá esta situación, sería de gran ayuda y serás recompensada.

—Chaac nos da el agua y Chaac nos la quita. Nosotros hemos despreciado sus regalos y ahora queremos que nos los retorne —sus palabras sonaban enigmáticas—. La lluvia nos regala los árboles que dan sombra al suelo para que el sol no lo queme haciéndolo estéril. Pero nadie piensa en ese valioso obsequio de Chaac y talan sin piedad la selva para ganar más tierras donde cultivar..., pero no sirve de nada, porque ésas producen cada vez menos.

El sacerdote se quedó pensativo. Era cierto que el espacio del bosque se había reducido considerablemente en beneficio de los cultivos. Esto había hecho aumentar el consumo de agua.

—No te falta razón. Por eso nuestro inteligente *halach uinic* construyó el foso de la Serpiente —apuntó refiriéndose a una de las obras más importantes de la ciudad, una gran represa que se hallaba a medio kilómetro de las murallas. Aquella maravilla de la ingeniería hidráulica maya era una de las causas del gran respaldo ciudadano del que disfrutaba el soberano. Aunque, tal y como iban las cosas, se preveía que en poco tiempo se habría secado.

—Hay más motivos para que Chaac esté disgustado —continuó la adivina—. La misión de la lluvia es empapar la tierra para que sea fértil y en Uxmal el suelo se cubre con piedra caliza para pavimentar calles y caminos. ¿Cómo puede Chaac cumplir con esa misión si se tapan los suelos?.

—Tienes una manera extraña de ver las cosas... —respondió el sacerdote, que no había imaginado que hubieran molestado al dios de la lluvia por pavimentar o cortar árboles—. Aun así, debería haberse manifestado con el último sacrificio, ¡le ofrecimos la sangre de un centenar de niños!

—Perdona mi atrevimiento. No poseo tu conocimiento de los dioses. Yo sólo observo la naturaleza y la veo deteriorarse día a día. Oigo más sus voces que las de los dioses.

—Pero tú, que puedes ver el futuro —respondió el sacerdote reconduciendo la conversación—, ¿has visto cómo sobreviviremos a esta sequía?

El sacerdote se hallaba sentado sobre un tapiz con las piernas cruzadas y la adivina se había colocado igual frente a él. De pronto, ésta se quedó mirando fijamente las volutas que salían del copal. Una gruesa figura de humo blanco se retorcía e iba desplegando la forma de una voluminosa serpiente que se dirigía hacia la única abertura de la estancia. Tras esa voluta, el copal crepitó en el quemador y en el aire se formó una gran nube seguida de otras que iban tras la serpiente.

—Kukulkán, serpiente emplumada... —murmuró la adivina sin dejar de observar las figuras del aire. El iris fue desapareciendo tras sus párpados como si mirara algo en su interior que nadie más podía contemplar. Finalmente, alzó sus brazos y describió lo que había visto al sacerdote.

Una vez que la mujer abandonó el edificio, al *ahuacán* le faltó tiempo para ir al salón de audiencias del palacio del gobernador.

—La serpiente emplumada —le refirió al *halach uinic* postrándose ante él— quiere que se busque un cenote sagrado donde ella cuida del agua que acabará con la gran sequía del mundo.

—¿Dónde está ese cenote? ¿Y cómo traeremos el agua?

—La respuesta es algo... perturbadora —respondió dubitativo el sacerdote, consciente del peligro que corría si la solución que le había dado la adivina le parecía descabellada al soberano.

—Vamos, habla —exhortó el gobernador—. No hay nada peor que lo que estamos sufriendo. La gente pasa hambre, enferma o muere, la suciedad lo inunda todo. Ayer los comerciantes se negaron a pagar su cuota y amenazaron con destruir el mercado.

—La adivina dice que aquí no volverá a llover por mucho tiempo, de modo que, una vez que demos con el cenote, toda la ciudad deberá mudarse allí y ya no nos faltará nunca el agua.

Por aquel entonces, más de veinte mil almas poblaban Uxmal y sus alrededores. Pensar en un éxodo masivo era inconcebible y una catástrofe para la reputación de la familia gobernante. Pero, si seguían esperando la lluvia, la ciudad colapsaría irremediablemente.

—¡Debimos cuidar más del agua! —exclamó con desesperación el *halach uinic*, consciente por primera vez de que ya no había vuelta atrás. El tiempo se les agotaba.

*

Había llegado la temporada de lluvias, pero seguía sin llover. En las orillas del foso de la Serpiente había una actividad inusual. Al encontrarse casi seco, los esclavos de la expedición del agua estaban haciendo acopio de las reservas directamente de uno de los *bukte*, los grandes depósitos construidos bajo el lecho del foso adonde se iba filtrando el agua, para aprovechar hasta la última gota del *akalché*. Sobre sus espaldas cargaban cuanto soportaban sus cuerpos pequeños y fibrosos. Así lo harían durante aquel viaje sin destino que podía costarles la vida, pues, a pesar de que iban custodiados por los soldados, el pillaje de los caminos tenía ahora un único objetivo: el agua.

El avance del grupo fue lento desde sus inicios, no por las dificultades del camino sino porque mientras avanzaban tenían que detenerse cuando alguno de los ingenieros señalaba un lugar que por su forma exterior podía albergar agua. Otras veces tenían que adentrarse entre la vegetación para buscar frutos con jugo, ya que así racionaban el agua. Pero eran la incertidumbre y la deshidratación lo que más les ralentizaba.

—Podríamos recorrer todo el Mayab hasta desfallecer —dijo desanimado el jefe de los soldados refiriéndose al nombre que entonces daban al Yucatán—. ¿Y si estuviera al otro lado de la sierra? No llegaríamos vivos.

Al fin, un atardecer, llegaron a una gran llanura de pasto y arbolado a algo más de cuarenta kilómetros de Uxmal.

—Así era nuestra tierra antes —dijeron admirados ante el paisaje verde y fértil.

—Aquí seguro que no falta agua. No habría si no estas ceibas tan frondosas ni estas enormes palmeras cocoyoles —comentó uno de los ingenieros.

—Descansemos. Mañana inspeccionaremos el terreno con la luz del sol. Los cenotes no se forman en cualquier parte...

De noche el grupo se durmió escuchando todos los sonidos del campo, incluido un goteo proveniente de algún lugar próximo y el maravilloso canto de las ranas. Fue la impaciencia por comenzar a explorar la que hizo que se levantaran en cuanto amaneció. Guiados por el sonido del agua, encontraron la entrada a una cueva semioculta por follaje en donde se intensificaban los impactos de las gotas. Iluminados con antorchas, descendieron por una pendiente y se fueron adentrando en las entrañas de una gruta profunda y estrecha donde la escasa altura les obligaba a agacharse. La arena les indicaba que era lugar de paso de las corrientes de lluvia hacia la profundidad de la caverna, hasta que, en un momento dado, se toparon con una pared de roca y tuvieron que arrastrarse sentados para pasar al otro lado.

—¡Bendita vieja! —gritó el primero al descubrir una superficie de agua azulada que iluminaba la luz que entraba por la pequeña boca del cenote.

—Es un cenote pequeño. Más bien parece un pozo —comentó alguien.

—Sí, pero el agua es transparente, es buena, no está estancada.

El sacerdote que iba con la expedición realizó una ceremonia de agradecimiento a Kukulkán, como le había indicado la adivina que hiciera: no en vano, era morada de la serpiente emplumada.

Tras tomarse unos días para reponer fuerzas, emprendieron el camino de regreso y, cuando llegaron a Uxmal, se encontraron con que todo presentaba un aspecto sucio y el área cercana a los edificios principales estaba llena de las piedras que habían arrancado a las fachadas. Luego supieron que se había producido una revuelta. El sacerdote había salido a calmar a la turba, pero una piedra le había golpeado en la cabeza y lo había matado. Extrañamente, el palacio del *halach uinic* se hallaba rodeado por una doble guardia de guerreros.

El jefe de la expedición se dirigió al soberano, que se hallaba muy ávido de noticias:

—Venimos con buenas nuevas: el cenote existe, señor. En realidad, es como un *xcabachen* —explicó usando la palabra maya para designar un pozo al que no cesa de entrar agua.

—¿Pero todo Uxmal podrá vivir con el agua de un solo pozo?

—Seguro que hay más agua que procede de ríos o manantiales, porque hay árboles grandes y palmeras, y el suelo está cubierto de hierba, como el Uxmal de antaño —respondió el sacerdote del grupo—. Eso me hizo pensar en lo que la adivina le dijo al gran sacerdote de que quizá Chaac estaba enfadado porque aquí se ha destruido la selva.

—Es posible… Llamemos a esa mujer para que nos indique qué hacer ahora. —La expresión del gobernador había mudado de desasosiego en esperanza.

Al conocer el resultado de la expedición del agua, la anciana manifestó al *halach uinic* lo que éste estaba deseando oír, es decir, que Uxmal podía salvarse, pero añadió:

—Esta ciudad ha sido construida tres veces, ha agotado ya todas sus vidas posibles y no volverá a renacer. Todos sus habitantes deberán trasladarse a ese lugar para empezar de nuevo.

En cuanto la adivina se marchó, el soberano comenzó a disponerlo todo.

—Avisad al pueblo de dentro y fuera de la muralla de que hemos encontrado un lugar donde vivir en el que abunda el agua. Quien no desee dejar sus propiedades es libre de quedarse, pero recordad que el agua no volverá a esta tierra por mucho tiempo.

En menos de dos semanas comenzó el éxodo de los uxmalenses. El viaje hacia el noroeste fue mucho más lento que el de la expedición, pues mover a todo un pueblo con sus pertenencias requería más tiempo. Algunos creyeron que aquella mudanza masiva era una locura y permanecieron en Uxmal. Otros decidieron probar fortuna dirigiéndose hacia la costa del Caribe donde habían oído hablar de grandes ríos.

Ya en el nuevo emplazamiento, el soberano reunió al pueblo y les dijo:

—Uxmal renació tres veces y volverá a hacerlo en este hermoso sitio al que nos ha guiado Kukulkán. Lo llamaremos «Maní», «el lugar donde todo pasó». Deberemos explicar a nuestros nietos que nos vimos obligados a dejar cuanto teníamos por pensar que la naturaleza estaba aquí sólo para nuestro beneficio. Chaac nos ha dado una dura lección y se lo agradecemos.

Como el resto de la población, la adivina no tardó en encontrar el lugar que más encajaba con su modo de vivir: una cabaña próxima a la gruta en la que podía dedicarse al culto a Kukulkán. Al principio de llegar, muchos la abrumaban pidiéndole predicciones, pero, según pasaba más tiempo dentro de la cueva, la fueron dejando tranquila. La llamaban «la guardiana del agua» y se contaba que de noche la habían oído hablar con una enorme serpiente que salía del pozo, donde se encontraba la entrada al inframundo.

Un día, cuando el soberano de Maní sintió que llegaba su final, mandó a buscar a la adivina y le expresó un último deseo:

—Quiero conocer el futuro que ya no veré. Abandonaré este mundo con más paz sabiendo que a Maní le aguarda una larga existencia.

La adivina entró en trance y, tras levantar las manos al cielo, habló así:

—He visto una ciudad próspera a la que muchas gentes visitan para ver el lugar donde todo pasó. Sin embargo, llegará un tiempo lejano en que la falta de agua será un problema para todos los pueblos del mundo, que se enfrentarán por poseerla en una gran guerra —murmuró palabras ininteligibles y continuó—: he visto a muchas personas que buscan dar de beber a sus hijos, pero sólo podrán saciar su sed aquí..., pues Maní será el último lugar de la Tierra donde quedará agua.

—Es terrible... —murmuró abatido el enfermo *halach uinic*.

—Sin embargo, otra guardiana del agua les ofrecerá un remedio para terminar con su sed para siempre —continuó la adivina—. Les dará agua en un cocoyol, y todo aquel que beba de ella no volverá a sentir sed; a cambio, deberán hacer una ofrenda a Kukulkán.

La anciana calló durante varios minutos y el *halach uinic* se impacientó.

—¿Qué ofrenda es ésa?

—En este mismo cenote, cada persona que renuncie a la sed entregará a la guardiana un niño recién nacido que ella entregará a la serpiente emplumada.

El gobernante quedó tan impresionado por aquel porvenir que su débil corazón comenzó a latir desbocado. De pronto, se llevó ambas manos al pecho y, tras unos instantes de agonía, su cabeza se desplomó hacia delante, inerte. Apenas un instante después, el silencio fue rasgado por un poderoso trueno y las nubes rugieron, precipitando sobre la tierra una lluvia torrencial.

Con la tormenta reverberando en la estancia, la adivina se inclinó respetuosa ante el fallecido soberano y sentenció:

—El bramar de los truenos durante las grandes tormentas es señal de que los dioses celebran a sus almas más queridas.

El pájaro dziú y el maíz

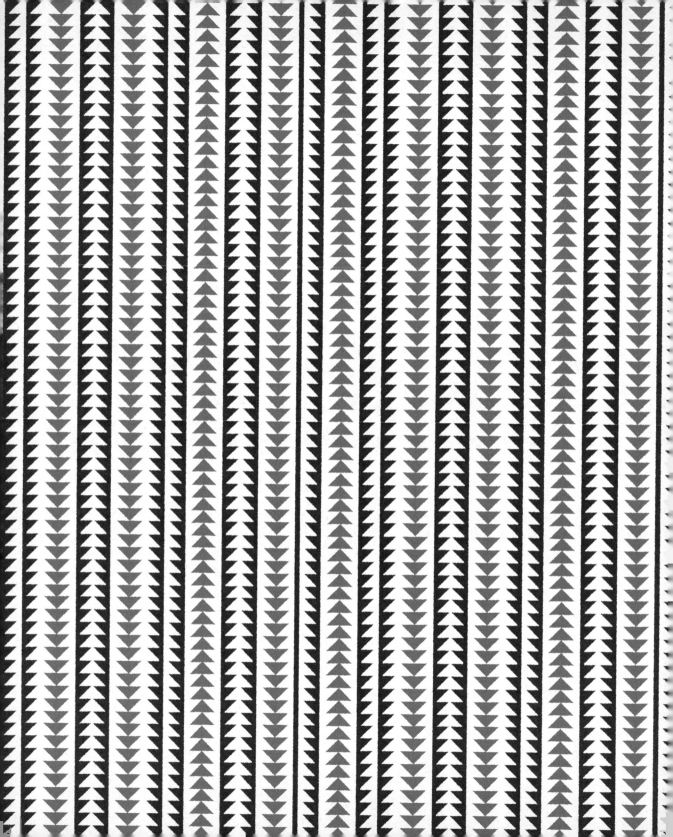

Hace miles de años, dioses, animales y humanos se comunicaban con cercanía y los dioses mostraban a unos y otros la mejor manera de vivir compartiendo el mundo. En ese tiempo se sucedieron épocas de grandes transformaciones que afectaron a todas las criaturas. Fue en uno de esos momentos de cambio cuando un campesino que acababa de recoger su última cosecha comprobó que el terreno que llevaba años cuidando ya no era tan fértil como había sido siempre. Con tristeza, decidió que tendría que abandonar aquel pedazo de tierra que había trabajado su familia con tanto esfuerzo.

—Me gustaba esta milpa —le decía con desaliento a su esposa, mientras recorría con la mirada el suelo pedregoso donde yacían los restos de vegetación que quedaban tras la cosecha—. Pero la verdad es que este año han crecido menos plantas y muchas estaban tan débiles que las mazorcas no han podido venderse.

—Si al menos pudiéramos sacarle provecho unos años más, mientras nuestros hijos crecen... —le respondió ella.

—No te preocupes, mujer. Algo se nos ocurrirá.

—Cuut, kakaka, kakaka, cuut... —Era el canto de un momoto cejiazul que se hallaba en una rama al borde de la parcela, muy cerca de donde ellos hablaban.

—Escucha, marido, es un toh —pues así le llamaban en esas tierras—. Es el pájaro que envía Chaac para anunciar cambios importantes.

—No sé qué podrá ser... ¿Por qué piensas que viene a anunciar algo?

—Porque es raro que se deje ver tan cerca. Siempre anda escondido —insistió la mujer.

Los campesinos se quedaron observando a aquel pájaro verde. Tenía una hermosa cola con plumas de color turquesa y negro que se fundían con otras verdes. Mientras seguía repitiendo su llamada, movía la cola de un lado a otro. Los dos campesinos estuvieron de acuerdo en que aquel toh no estaba allí por casualidad.

En aquel tiempo antiguo se escuchaban las llamadas de la naturaleza y, si no se comprendían, se buscaba a quien las interpretara, pues de esos mensajes dependía su destino y su suerte. Así que ese mismo día fueron a buscar al *h'men*, que sabía interpretar esas señales y podía comunicarse con los dioses que las enviaban. En cuanto éste supo que el mensajero era un toh, les dijo que quien deseaba decirles algo era Chaac, el dios de la lluvia. Y les dijo que los acompañaría a la milpa para hacerle una ceremonia al dios al día siguiente.

—Si Chaac quiere comunicarse con vosotros, me lo hará entender.

Al día siguiente, fueron los tres al terreno y, siguiendo las indicaciones del sacerdote, desbrozaron un área en el centro donde habilitaron un espacio sagrado para el altar. Cuando terminaron, el sacerdote se puso una máscara que representaba a Chaac y adornó su cabeza con un tocado de plumas que simbolizaba a la serpiente emplumada. Luego invocó al dios al tiempo que sujetaba un bastón de mando y dijo:

—Tu mensajero, el pájaro toh, ha venido a visitar a estos campesinos. Te ofrezco humildemente mi boca y mi mente para que tú mismo les hagas saber lo que deseas de ellos.

A continuación, el sacerdote comenzó a hablar con una voz grave y extraña que les puso los pelos de punta a aquellos campesinos:

—Ellos son unos de mis hijos más queridos y quiero ayudarlos —como si lo escuchara de boca del propio Chaac, el *h'men* trasladaba a palabras lo que le llegaba a la mente—, porque cuidan de la tierra y permiten que los animales vivan de ella. Son generosos y trabajadores, y me apena que sus últimas cosechas no hayan sido tan buenas como merecen sus esfuerzos. Diles que no busquen aún otro terreno, que yo les ayudaré para que puedan sacar mejor provecho a su milpa.

—Chaac no quiere que abandonéis aún la milpa —les repitió el sacerdote a los campesinos—. Os ruega que esperéis, porque tomará una decisión que cambiará todo antes de que lleguen las lluvias.

Desde su mundo, Chaac, el dios que había enseñado a los humanos a cultivar el maíz, observó con preocupación el estado de la milpa. Se agachó hasta casi rozar el suelo con su larga nariz colgante y agarró un puñado de la tierra recién cosechada. Así pudo ver y sentir que debajo de la primera capa superficial no había vida ni alimento para que germinaran las semillas.

Después de darle vueltas al problema, al fin tuvo una idea para enriquecer la tierra, pero necesitaba la ayuda del dios del maíz, Yum Kaax, y del dios del fuego, Kauiil. Así que los convocó.

—Yum Kaax, me veo obligado a pedirle al dios Kauiil que mañana queme esta tierra —la expresión horrorizada del dios del maíz hizo que tuviera que tranquilizarlo—. Es sólo una destrucción aparente porque esas cenizas harán que esta tierra sea más fértil. Pero, como es la primera vez que enseño a los humanos este nuevo modo de cultivar, quiero pedirte que antes de la quema selecciones las mejores semillas de este campo, pues las utilizarán para la siguiente siembra.

—¿Estás seguro de que crecerá algo sobre tierra quemada? Si no es así, los animales también se quedarán sin sustento —Yum Kaax no acababa de entenderlo.

—Sí —le respondió el dios de la lluvia—, porque las cenizas contienen materia para alimentar el suelo lo suficiente como para que germinen las semillas que tú habrás seleccionado.

—Kauiil —Chaak se dirigió ahora hacia el dios del fuego—, a ti te pido que, después de que Yum Kaax haya sacado las semillas, prendas fuego al terreno. Te será fácil: todos los tallos tumbados tras la cosecha están secos. Pero no te entusiasmes, no vayas a quemar el bosque.

El joven dios Yum Kaax no sólo era responsable de los cultivos, sino de todos los animales que vivían en ellos, y aquello le ponía los pelos de punta. Veía el peligro más que el remedio. Además, no le gustaba hacer las cosas deprisa y corriendo, pero Chaac le había dicho que debía hacerse en dos días. Por ello, debía pedir ayuda a los animales más veloces para rescatar las semillas.

Descartó enseguida a los que no comían grano, y también a los más lentos, como la tortuga o el armadillo. Dudó de si llamar al mapache, que comía de todo, pero pensó que era demasiado goloso y se distraería saboreando los frutos que habían quedado sin recoger. Definitivamente, concluyó para sí, los animales elegidos tenían que estar lo bastante interesados en el maíz como para confiarles su supervivencia. Así que optó por las aves, ya que podían hacerlo más rápidamente que ningún otro animal y, si les faltaba el grano, sería un desastre para ellas.

—Cuut, kakaka, kakaka, cuut —un toh, al ver allí al dios, se acercó, curioso.

—Pájaro relojero —se dirigió a él el dios del maíz—, ya que eres uno de los que más provecho saca de cuanto produce este campo, necesito que me ayudes. Por deseo de Chaac, mañana este cultivo será incendiado; antes de que el fuego lo consuma todo, hoy hay que sacar de aquí cuantas semillas se pueda.

—No avisas con demasiado tiempo. Yo tengo muchas cosas que hacer… —le respondió el toh, que era perezoso y estaba acostumbrado a que fueran otros quienes le hicieran a él las cosas.

—Nada es tan urgente como esto. Con las semillas tú y los demás animales podréis seguir viniendo a alimentaros. No lo vas a hacer todo tú: asignaré a cada uno un cometido. Pero a ti te preciso porque sé que se te da bien convocar a las aves y conseguir que hagan cosas por ti.

—Por supuesto que las demás aves me respetan. Se ve a simple vista que no soy un pájaro común —respondió el presuntuoso toh, que se consideraba uno de los elegidos por los dioses porque éstos le habían dado un plumaje de colores único y una larga cola bicolor.

—Y bien, ¿colaborarás? —insistió con impaciencia el dios del maíz.

El toh no se mostraba muy entusiasmado. No le gustaban las multitudes. Entonces Yum Kaax, sabedor de que a los toh no les gusta cambiar de casa, le dijo que, si la misión fracasaba, ellos tendrían que mudarse a otras tierras en busca de alimento. Ante el temor de quedarse sin lugar donde anidar y por su desgana habitual, el majestuoso pájaro aceptó echarle una mano al dios.

—Diles que cuando todos estén aquí, distribuiré a cada grupo las semillas que deben poner a salvo —le dijo el dios antes de que el toh alzara el vuelo sin darle tiempo a terminar.

—¡A mí déjame la semilla del maíz! —le respondió desde el aire sin siquiera volver la cabeza.

«Pensándolo bien —se dijo—, si salvo la más importante, todos me admirarán.»

Yum Kaax sabía que no podía poner la mayor responsabilidad en un pájaro tan holgazán y engreído. Sin embargo, necesitaba que colaborara porque a su llamada respondían muchas aves deslumbradas por su majestuosidad.

La época de lluvias no había empezado, pero Yum Kaax se fijó en unas solitarias nubes blancas que se acercaban y comenzaban a congregarse sobre la milpa.

*

La preparación para la quema le estaba dando muchos quebraderos de cabeza al dios de los cultivos. Cuando las aves acudieron a la convocatoria, Yum Kaax les pidió su colaboración asegurándoles que mejorar la cosecha las beneficiaría a todas. Sin embargo, muchas dieron excusas para no intervenir. El dios comprendía que algunas rehusaran por su pavor al fuego y otras, porque se hallaban en plena incubación y, como los huevos no tardarían en eclosionar, necesitaban dedicarse en exclusiva a empollarlos con sus parejas. El caso es que, al final de la reunión, el dios del maíz estaba algo decepcionado, pues apenas había logrado aves suficientes.

De pronto, alzó la mirada hacia el dosel de la selva. Un creciente griterío de pájaros se acercaba a él.

—Chachalaca, chachalá, chachalaca, chachalá... —Cientos de coloridos tordos, que los mayas llamaban dziús, se estaban posando sobre las copas de dos enormes ceibas hasta cubrirlas.

—Bienvenido seas, dziú, ave mensajera de Chaac. Creo que no podías llegar en mejor momento —exclamó con alivio Yum Kaax.

—¿Por qué nos has llamado? No es un buen momento para nuestra bandada, ya que hemos de buscar comida donde haya suficiente para todos: la de aquí se ha terminado y somos una familia muy grande —habló el eficiente jefe de la bandada.

El dios repitió lo que había dicho al resto de aves: que Chaac había decidido mejorar el cultivo quemando los restos vegetales que quedaban y que estas cenizas enriquecerían la tierra, ahora empobrecida de tanto sembrarla.

—¡Bien pensado! —Y su voz fue replicada por los cientos de dziús que le acompañaban: «¡Bien pensado! ¡Bien pensado! ¡Bien pensado! ¡Bien pensado!». Pero era algo tan insólito que el dziú preguntó—: ¿Seguro que el maíz podrá crecer sobre cenizas?, nunca he oído nada semejante.

—Al contrario, con el fuego se quemarán las raíces de las malas hierbas y malezas. Y, libres de ellas, las nuevas semillas de maíz crecerán sin estorbos —le aclaró Yum Kaax, sabiendo que hasta ese momento las aves sólo habían conocido el poder destructor del fuego—. Dziús, el tiempo apremia —continuó el dios—, no tardará en llegar el dios del fuego con su rayo y todo arderá. Hay que ponerse de inmediato a sacar semillas del campo. Los toh sacarán cuantas semillas buenas de maíz puedan, pero no serán suficientes...

—Nosotros nos encargaremos del resto del maíz. Es la semilla más importante de todas. Además, son muchos granos que salvar y nosotros estamos acostumbrados a cooperar y organizarnos. —El dziú se apiadó del dios, porque sabía que muchas aves habían rehusado ayudarle o simplemente no habían comparecido a su llamada—. Organizaré al resto de pájaros para que se ocupen de las semillas de calabaza, de frijol y de tomate: no todos los picos sirven para todo.

—Gracias por tu compromiso, dziú. No lo olvidaré nunca.

El toh, que ya se veía como salvador del maíz, escuchó desde una rama la conversación y, contrariado, frunció sus cejas azules y negras. El verde de sus ojos se oscureció de celos al pensar que aquel dziú gritón quería restarle protagonismo. Empujado por su vanidad, el pequeño toh salió volando hacia el maizal antes que los demás; quería llevarles la delantera mientras el dziú organizaba al resto. Por sus pequeñas dimensiones, el aleteo del toh era muy rápido y constante. Fue tan veloz que, después de hacer varios viajes para recoger semillas, se quedó exhausto antes de terminar. Calculó que aún le quedaba un día más para terminar y se metió bajo el hueco de una roca a dormir. Como la cavidad era pequeña, su larga cola se quedó afuera.

Mientras tanto, el diligente dziú quiso recoger en esa tarde todas las semillas que le correspondían y así no dejar nada pendiente para el día siguiente. Sólo se retiró a descansar cuando terminó, dejando que el resto de los pájaros acabaran lo que les había encomendado. Sin embargo...

—Eh, muchachos, con tranquilidad. No debe de haber tanta prisa como decían si el jefe se ha ido a descansar. Aún nos queda el día de mañana —voceó un pájaro joven con un graznido tan estridente que llegó a los oídos de la mayoría.

Su ejemplo fue seguido por otros, de forma que, en pocos minutos, el ritmo de trabajo se fue ralentizando.

*

Era pronto para que llegaran las lluvias, pero, conforme avanzaba la noche, se iban concentrando más nubes sobre la milpa. Los truenos se acercaban. A pesar de que todas las aves ya se habían cobijado, Yum Kaax estaba inquieto. ¿A qué venían ahora esos truenos a destiempo si aún faltaba bastante para la temporada de lluvias? Precisamente por eso Chaac había elegido ese momento para proceder a la quema. Una sospecha le rondaba: podía ser una de las reacciones impulsivas del intrigante Kauiil, el que más desconfianza había mostrado hacia el nuevo sistema de preparar la tierra.

—Siempre ha sido mi responsabilidad el ciclo de vida del maíz —le había dicho Kauiil unas horas antes—. ¿Vamos a cambiarlo todo de repente? La tierra hay que dejarla descansar cada tres años, ya volverá a germinar.

—Chaac ha observado mucho los campos antes de tomar la decisión. No es un capricho.

—Así que, a partir de ahora, después de que los campesinos tumben los tallos, ¿tendré que venir a quemar lo que quede? —el pie de serpiente de Kauiil se movió, inquietante, alrededor del dios del maíz.

Aquella conversación fue el preludio de la temprana lluvia, cuya intensidad espantó a todos los animales y pájaros que aún estaban trabajando en la milpa. Todavía restaban muchas semillas por recoger cuando comenzaron a caer las primeras gotas.

El pájaro toh se alegró de estar a cobijo al sentir cerca a cientos de dziús corriendo —con sus peculiares saltitos— para alzar el vuelo en busca de refugio. El dziú jefe seguía descansando con la tranquilidad de quien ha dejado terminado su trabajo. La pareja de milperos se despertó al escuchar el vocerío de pájaros y ambos se acurrucaron en la cama: sabían que no tardaría en caer un aguacero.

De madrugada, cuando ya había comenzado un nuevo día, el dziú se asomó y vio que estaba escampando. Si bien dio por sentado que los demás habrían acabado su trabajo, pensaba ir a comprobarlo. Aún no había emprendido el vuelo cuando el resplandor de un rayo sobresaltó su corazón. El toh se dio tal susto que salió de inmediato de su refugio.

—¡Qué desastre! ¿Quién me ha hecho este estropicio? —exclamaba mirando los dos raquis desnudos de su cola. ¡Sólo me han dejado las puntas!

La avalancha de dziús huyendo del aguacero le habían pisoteado la cola: sólo quedaban unas pequeñas plumas en los extremos.

—¡Deja de mirar tu preciosa cola y date prisa! —graznó el dziú, que voló cruzándose por delante del toh a toda velocidad—. ¿No ves que hay fuego en la milpa?

—No me des órdenes. Tú no eres el jefe —protestó ante las maneras apremiantes del dziú.

El impulsivo Kauiil no había podido contenerse y había descargado su contrariedad cortando las nubes con su hacha. Como si estuviera poseído por una bebida sagrada, atizaba el cielo con su arma para que saliera el agua a cántaros, y lo hacía con tanta violencia que de las chispas del filo surgieron varios rayos. Uno de ellos había impactado en la milpa.

El toh recordó entonces que había dejado sin concluir su tarea de recoger parte de las semillas de maíz. No contaba con que una inesperada lluvia le impidiera continuar con su tarea de madrugada. Incapaz de reprimir su presuntuosidad, se subió a una rama donde todos pudieran verlo y gritó a los cuatro vientos:

—¡No te preocupes, dziú, me comprometí a salvar el maíz y haré mi parte!

Lo dijo en un tono lo bastante alto como para que todos lo oyeran, seguro de que las demás aves lo ensalzarían y los dioses le agradecerían haber salvado el maíz.

Pero ya nadie lo escuchaba. Todos los pájaros volaban de un lado a otro cogiendo con sus picos cuantas semillas podían. Cuando las cenizas comenzaron a caer sobre el toh, éste decidió que, en lugar de ir a por el maíz, donde se concentraba el incendio, se alejaría hacia las calabazas, que estaban en los laterales de la milpa, mucho más cerca de donde estaba él.

Otras aves siguieron su ejemplo y volaron para rescatar las semillas que tenían a su alcance, sin darse cuenta de que las más valiosas, las que contenían las diversas variedades de maíz, estaban amenazadas por las llamas. El dziú voló hasta la ceiba para ver con perspectiva la milpa y se dio cuenta que el rayo debía de haber impactado en el centro, junto al altar de Chaac, justo donde se hallaban las mejores semillas de maíz. Entonces, se lanzó en picado hacia el fuego para sacar los granos. Una y otra vez pasó por las llamas para preservar todas las variedades de maíz. Así fue amontonando, en los bordes pedregosos del terreno, granos amarillos, blancos, rojos y negros, hasta que el incendio lo devoró todo.

Exánime y sofocado, el dziú se acercó al agua, donde hacía rato que el toh se hallaba pavoneándose ante los demás animales. Cuando vieron inclinarse al dziú al borde del agua, todos callaron.

—¡Por el divino Chaac! ¿Eres tú, dziú? —exclamó el toh al ver las plumas renegridas del dziú y sus ojos tan enrojecidos que parecían estar en carne viva.

—Parece que me he chamuscado un poco —murmuró, aún sin aliento, mirándose las alas y metiendo el pico entre las plumas para sacudirse el hollín—. Pero no me importa, hemos salvado el maíz.

—Dziú, has sido muy valiente metiéndote en el fuego para sacar las últimas semillas —reconoció con humildad el toh, que, de pronto, como si hubiera oído algo que procedía del aire se irguió y entonó su llamada de aviso—. Cuut, kakaka, kakaka, cuut.

Al instante, un joven con el cráneo deformado según la costumbre se corporeizó ante ellos. Era Yum Kaax, que llegaba sosteniendo entre sus manos una vasija con varias mazorcas.

—Lo que habéis hecho hoy ayudará al pueblo maya durante miles de años. Esto les mostrará cómo alargar la fertilidad de los suelos para que los campesinos no tengan que cambiar de terreno tan a menudo. Éste es un momento de transformación para todos los que viven de la milpa.

—Amado Yum Kaax —dijo el pequeño toh cuando el dios hubo terminado—, me gustaría que se premiara de alguna manera al dziú por el arrojo que ha tenido hoy para salvar el maíz.

—Tienes razón, ha hecho un gran esfuerzo y con ello ha perdido el color de sus plumas. Es justo recompensarlo con algo que alivie sus responsabilidades de aquí en adelante. A partir de ahora no tendrá que construir el nido. Ordeno que las demás aves les dejen los suyos y críen a sus polluelos para que los dziús no tengan que esforzarse en buscarles alimento.

La transformación también afectó de modo especial al pájaro toh. Por fuera, sus ojos ahora ya no eran verdes, sino negros, y su cola estaba pelada excepto en los extremos. Por dentro, aprendió que la soberbia es una mirada oscura que conduce a la calamidad, y también que, por muy elevados que sean nuestros objetivos, no los alcanzaremos si no dominamos la pereza.

El mito de la creación

LA LEYENDA

DEL CHOM

La exuberancia natural de la tierra del Mayab, nombre original del Yucatán, hace a los animales destacados protagonistas de la vida real y legendaria. Desde niños, los mayas aprendían que los dioses, después de crear las montañas y las plantas, habían concebido a los animales, y éstos, una vez diseñados con su forma y carácter, permanecían invariables por toda la eternidad..., o no.

A partir de los nueve años, los niños comenzaban a involucrarse en las actividades de los adultos, como acompañar a su padre a cazar o pescar, lo que les ayudaba a entender el mundo que los rodeaba. Mientras se abrían paso por aquel mar de vegetación a machetazos, el niño tenía muchas ocasiones para desarrollar su curiosidad y que el adulto respondiera a sus preguntas con historias que iban pasando de una generación a otra.

Uno de estos niños era un muchacho que, ya cumplidos los catorce años, fue de caza con su padre en busca de un venado de cola blanca. A él lo que le gustaba de esas salidas a la selva era observar pájaros. Con buen juicio, el padre le había dicho que, en caso de extraviarse, buscara la choza del anciano que vivía cerca de la ciénaga y esperara hasta que él fuera a recogerle.

—Si te pierdes, espera allí hasta que yo llegue. Es un buen hombre, y a él puedes preguntarle por los pájaros, dicen que habla con ellos.

—¿Es un brujo?

—No, es alguien que sabe mucho —respondió su padre.

Por si acaso, durante toda la jornada el muchacho estuvo atento para no alejarse de su padre. Pero la curiosidad le pudo y, nada más ver un pavo ocelado picoteando entre la hojarasca, se acercó al animal con la idea de quitarle alguna de sus bonitas plumas para regalársela a su madre y que se la cosiera en el huipil. Estuvo acechándolo un buen rato pensando en echarle encima su manta para inmovilizarlo. Por desgracia, el ave lo descubrió y huyó volando hasta una rama. Para cuando quiso darse cuenta, se había perdido. No le quedaba otro remedio que ir al punto de encuentro. Las indicaciones de su padre habían sido claras para un lugar como la selva:

—La choza del anciano está junto a la ciénaga.

—¿Y cómo encontraré la ciénaga?

—Ve a un claro o encarámate a una rama desde donde veas bien el cielo. Localiza el lugar donde haya choms volando. Siempre van en grupos, así que es fácil verlos. Ellos van y vienen de la ciénaga porque allí van a morir algunos animales. Luego dirígete hacia donde los hayas visto.

Y eso hizo. En cuanto vio a aquellas aves siniestras sobrevolando un punto no muy lejano, se puso a caminar en aquella dirección. Supo que estaba cerca del lugar cuando, de pronto, un desagradable olor le hizo cubrirse la nariz con el brazo. Una vez allí se acercó sin hacer ruido y se quedó quieto observando a varios choms que se peleaban por los restos de un animal muerto. Enseguida llegaron unos cuantos más, hasta congregarse tantos que la sombra de sus alas extendidas cubrió una parte de la orilla, ocultando el cadáver que les servía de festín. El muchacho se atemorizó con su presencia y permaneció oculto tras la maleza. De pronto, vio llegar a un anciano que, en lugar de espantarlos, como hacían en la aldea cuando un chom se acercaba a por comida, les saludó y les dedicó unas palabras que él no pudo comprender. Los pájaros parecieron responderle con sus graznidos, aunque no por ello dejaron de comer mientras el hombre les echaba algo indistinguible. Fue entonces cuando se decidió a salir para presentarse al hombre que hablaba con los pájaros.

—Te esperaba —le respondió el anciano—. Tu padre ha pasado por aquí hace un buen rato y me ha dicho que vendrías.

Al acercarse al anciano, algunos pájaros aletearon, lo que hizo que el muchacho diera un respingo.

—Si no estás muerto, no te asustes —le dijo el viejo sonriendo.

—Ya veo que usted no les tiene miedo.

—Ellos no molestan, sólo vienen a comerse lo que no le sirve a nadie.

—Es raro que por aquí todos los pájaros tengan los colores de la selva menos ellos, ¿por qué serán tan negros? —preguntó el muchacho.

—Su color no siempre fue ése. Al principio de los tiempos eran unas aves muy hermosas. Tenían un llamativo penacho de plumas de colores de las que se enorgullecían mucho. Eso hacía que los demás animales las distinguieran como aves de la realeza de la selva.

—Pues vaya si cambiaron, ¿cómo es posible?...

—Fue un castigo por su comportamiento. Si quieres, ven a comer algo mientras llega tu padre a recogerte y te lo cuento.

Unos instantes después, el anciano estaba ante el fuego de su casa trajinando con el maíz mientras el muchacho le escuchaba atentamente:

—Resultó que el rey de Uxmal quiso agradecerle su largo y próspero gobierno a nuestro dios creador... —El anciano aspiró su nombre, porque nadie, excepto el soberano, podía pronunciar el nombre de Hunab Ku—. Como éste es el supremo dador del movimiento y la medida, el dios entre los dioses, organizó en su palacio una fastuosa ceremonia y un banquete a los que invitó a los nobles locales y a toda la corte. Piensa que éste es nuestro dios más importante, pues con su energía creó todo lo que existe, razón por la que acudieron súbditos de los lugares más alejados a la capital. Nadie se habría atrevido a hacerle un desaire.

»Al finalizar los rituales del templo —continuó el anciano al tiempo que moldeaba con las manos unas tortitas—, todos los asistentes fueron conducidos a una antesala del palacio donde esperarían el momento de pasar a la sala de banquetes. Allí los recibiría el mismo rey de Uxmal, alguien muy importante en aquel tiempo. Los invitados habían tenido que ayunar para asistir a la ceremonia religiosa, para llevar el cuerpo y el espíritu limpios antes de presentarse al dios creador. Por eso esperaban impacientes la señal de entrar al lugar del banquete.

»Pero como pasaba el tiempo y no venían a avisarlos, la mayoría se había sentado sobre el suelo cubierto con pieles de jaguar y se entretenían conversando o dormitaban reclinados sobre los almohadones rellenos con fibra de maíz. Todo era lujo en el palacio de Uxmal. Lo único que les hacía la espera tolerable era que el rey tenía fama de ofrecer en sus agasajos abundantes exquisiteces y, como todo estómago que espera ser saciado, soportaban con paciencia el retraso.

—¿Cómo sabes todo esto? —preguntó el muchacho mientras miraba al anciano preparar una salsa de achiote.

—Un chom me lo contó. —Y continuó como si tal cosa, dejando al muchacho con una expresión sorprendida—. Bien, pues, como te decía..., mientras los invitados esperaban a que empezara el banquete, los siervos corrían de un lado a otro estresados porque era el mismo rey quien estaba supervisando los preparativos del banquete. Es verdad que éste tenía muchos servidores, pero era una persona a la que le gustaba controlarlo todo y, para desgracia de sus criados, en el último momento les había ordenado trasladar de lugar la mesa cuando ya estaba compuesta y servida. Eso implicaba mover fuentes llenas de manjares, hermosos centros de flores, jícaras y todo cuanto se había colocado con tanto mimo para deslumbrar más que a los invitados al mismo Hunab Ku.

—¡Qué caprichoso! ¿Y por qué quería sacarlo todo de repente? —quiso saber el muchacho.

—Porque le había costado mucho esfuerzo y dinero construir la ciudad y deseaba que todos los nobles que le habían ayudado de alguna manera pudieran admirarla. Al asomarse a la terraza se sintió orgulloso de la magnífica vista que ofrecía el centro urbano, con sus calles ordenadas y pavimentadas, y quería que todos la contemplaran. Por eso había decidido que los invitados comieran disfrutando de la vista de la ciudad.

»—¿Y si llueve? —le preguntó el responsable de los servidores al soberano rompiendo la magia de aquel momento.

»—Hoy no hay viento que traiga nubes ni sapos que la anuncie —le respondió irritado agitando una mano, porque no soportaba a los agoreros—. Huab Ku estará muy contento por el gran ritual de agradecimiento que le hemos ofrecido, y nos protegerá de cualquier cosa nefasta que venga del cielo. ¡Fíjate, si hasta nos ha enviado unos hermosos pájaros como decoración del banquete! —exclamó pletórico el soberano al reparar de pronto en los seis choms que, apoyados en un extremo del murete de la terraza, parecían escucharle y observarlo todo atentamente.

El anciano interrumpió su relato y vio cómo el muchacho se metía en la boca un buen pedazo de una de las tortitas con guacamole.

—Si te has fijado en la ciénaga, los choms tienen una gran envergadura y, cuando se sientan, lo hacen de espaldas al sol con las alas desplegadas. A esa hora de la tarde, en la terraza del palacio, los reflejos de la luz sobre el plumaje de los choms los hacía especialmente hermosos. Eso alimentó en el soberano la idea de que eran aves enviadas por el dios para realzar la majestuosidad de las celebraciones en su honor. Sus plumas se percibían tan suaves que el soberano hizo el ademán de acariciar a un chom, pero éste estiró el cuello y sacudió la cabeza, lo que disuadió al rey, que sintió aquel gesto como un rechazo a su persona.

»Pues bien —prosiguió el anciano—, cuando estuvo todo a gusto del soberano, se cerró la puerta de la sala de banquetes y todos abandonaron la sala hasta la llegada de los invitados. El soberano se dirigió complacido a sus habitaciones para vestirse con una nueva túnica y estrenar el tocado que le habían confeccionado para la ocasión. Y, finalmente, los invitados recibieron la ansiada señal para subir a la sala del banquete.

»Cuando terminaron de colocarle aquel pesado tocado cargado de piedras de colores y plumas, el soberano subió las escaleras con solemnidad. Dos guardias le abrieron la puerta. Sin embargo, al otro lado no encontró ningún rostro sonriente y agradecido que le saludara, sino un montón de personas de espaldas que miraban hacia la terraza y hacían aspavientos con los brazos.

»—¿Qué está pasando aquí? —gritó con voz estentórea el rey abriéndose paso entre los invitados hasta llegar al origen de aquel estrépito de platos caídos y vasijas rotas.

»—Es una bandada de choms —le informó su consejero—. Han esperado a que nos fuéramos para abalanzarse sobre la mesa y están acabando con todo.

»—¡Echadlos inmediatamente! ¡Qué atrevimiento!

El anciano soltó una risita y continuó narrando la escena como si hubiera sido testigo de ella:

—El rey no sabía qué le dolía más, si que hubieran estropeado su magnífico banquete o que hubieran ofendido al dios. Al fin, ahuyentados por la servidumbre y los sacerdotes, los choms se fueron, pero no muy lejos. Se posaron con descaro sobre un árbol próximo al palacio, como si aguardaran a terminar con las sobras del banquete que habían empezado. Un sacerdote recomendó hacer un ritual de desagravio, no fuera a ser que el creador quisiera vengarse por aquella ignominia. Pero antes ordenó:

»—¡Soldados, tenéis un blanco fácil! Disparadles, ¡que no quede ni uno! —bramó el soberano, implacable—. Y, tras su orden, flechas y cerbatanas se prepararon para derribar a aquellos pájaros en los que el rey ya no veía hermosura, sino glotonería y falta de comedimiento, cosas que detestaba. Por supuesto, los choms, al sentir aquella animosidad, alzaron el vuelo tan alto que no hubo flecha que les alcanzara.

—Es verdad, sí que vuelan muy alto. Gracias a eso he sabido llegar hasta la ciénaga —comentó el muchacho.

—En fin, que los siervos de palacio —continuó el anciano— tuvieron que reponer velozmente la comida y los adornos de la mesa. Por fortuna, en cuanto vieron llegar el repuesto de viandas, los invitados se olvidaron del incidente y de que casi llevaban una jornada entera sin comer. Así que no quedaron sobras para los choms. Sin embargo, el rey casi no probó bocado.

»—Volverán, sé que volverán —murmuró, sin quitar ojo al árbol donde habían estado posados los pájaros.

»Al llegar la noche, se encendieron las antorchas y los invitados se fueron retirando. Mientras el último de ellos se despedía, varias sombras se proyectaron en el interior unos instantes para desaparecer enseguida en dirección a un olor de fruta fresca que llegaba desde el mercado.

*

Cuando terminaron el almuerzo, el anciano recogió las migas y las echó cerca de la entrada de su choza. Aún no se había sentado de nuevo cuando varios pájaros acudieron a comérselas.

—¿Y cómo sigue la historia de los choms? ¿El rey los mató? —quiso saber el muchacho.

—No, mucho peor, les dio un destino indeseable. Lo cierto es que el poderoso soberano de Uxmal no estaba acostumbrado a que se le desobedeciera y estaba decidido a no tolerar que aquellos pájaros siguieran socavando su autoridad. Así que, al día siguiente, les pidió al sacerdote y al mago que pensaran en una solución para acabar con la actitud desafiante de aquellos animales y los alejara de donde vivían las personas.

»—No soporto ese apetito insaciable. ¡Es repugnante! ¡Dos veces se lanzaron ayer sobre la comida! Y sé que hicieron lo mismo por la noche en otros sitios de la ciudad, se han recibido quejas —se lamentó el rey.

»—No hay mayor castigo que convertir una virtud en un defecto, podría hacer que... —respondió el mago.

»—No me digas lo que se puede hacer, hazlo.

El anciano prosiguió su relato:

—El mago había pensado en un sortilegio poco común. Cambiar a los seres creados por el dios supremo es muy raro y para ello necesitaba plumas de chom. Así que de nuevo pusieron comida en la terraza y gracias al buen olfato de esos pájaros, en poco tiempo ya estaban allí para darse un festín. Cuando se hartaron, alzaron el vuelo y se alejaron dejando tras de sí algunas plumas. El mago las quemó y las machacó en una vasija para conseguir un polvo muy fino sobre el que vertió el jugo de unas hierbas. Mientras tanto, el sacerdote sangró la oreja al rey, algo necesario porque, como intermediario divino, el soberano debía facilitar su propia sangre para desagraviar al dios. Finalmente, la mezcló con el líquido negro, lo que dio como resultado una poderosa pócima capaz de transformar lo mejor de aquellas aves y hacerlas repulsivas.

»De nuevo atrajeron con comida a la bandada y el mago y el sacerdote se escondieron a esperarlos en la terraza. La ansiedad por comer de estos pájaros no les defraudó y, en cuanto estuvieron posados con sus garras sobre la comida, ambos salieron de su escondite y lanzaron sobre ellos el líquido negro hasta embadurnarlos por entero.

»—Habéis profanado la ofrenda al dios —aspiró su nombre—, y por eso jamás volveréis a probar alimentos agradables —proclamó el mago contemplando a aquellos enormes pajarracos empapados en la poción nigromántica—. Vuestros manjares serán fruto de la muerte y, por eso, los humanos os temerán.

»Asustados, la bandada ascendió hacia el sol para secar su plumaje. Pero aquel líquido pastoso había impregnado de tal modo sus plumas que tuvieron que volar hasta un cenote abierto

para bañarse. Después salieron al sol y se posaron en un árbol sin follaje donde extender las alas en toda su amplitud, pero todo su cuerpo seguía de color negro.

»—¡Cómo me quema la cabeza! —graznó uno que acababa de descubrir que todos habían perdido las plumas de la cresta y el sol quemaba su piel desnuda.

»—No creo que esto se deba a la pócima, sólo el dios creador puede ordenarle al sol que haga algo así —observó otro chom, mientras contemplaba a sus compañeros de bandada con la cresta renegrida por el sol.

El anciano que hablaba con los pájaros continuó:

—La verdad es que, posados sobre las ramas de un árbol seco, aquel grupo de choms debía de ofrecer un aspecto miserable. En ellos no quedaba nada de cuanto hermoso tenían. Sencillamente eran otra clase de pájaros.

*

Los choms tardaron varias generaciones en aceptar que nunca más volverían a ser las aves majestuosas y bellas que siempre habían sido. Hunab Ku no los iba a perdonar jamás y no les quedaba otro remedio que aprender a aceptar su nueva vida. Lo que más les costó fue sobrellevar el rechazo que provocaban cuando se lanzaban voraces sobre los cadáveres y los vegetales podridos. No era un bonito espectáculo verlos introducir sus poderosos picos ganchudos en las carnes putrefactas, en las que no dejaban de hurgar hasta que sólo quedaban los huesos.

El anciano sabía que, de vez en cuando, algún chom adulto hablaba con los más jóvenes de lo que les había ocurrido por ofender al dios y por su glotonería. Una vez los oyó decir:

—Por suerte, también nos quedó sin plumas el cuello y la cabeza.

—¿Desde cuándo es eso una suerte? —graznó un chom joven.

—Piénsalo bien, al menos así no se nos quedan pegados los restos de la carne podrida al plumaje del cuello.

—¡Vaya destino el nuestro! —se lamentó otro que estaba cansado de que cada vez que aparecían por un poblado salieran a espantarles como si llegara la peste.

La historia de cómo los choms habían cambiado impactó al muchacho y cambió su rechazo hacia ellos. Cuando su padre al fin llegó a la choza, se encontró a su hijo y al viejo charlando. Al parecer, los dos hombres se conocían desde que el padre tenía la edad de su hijo y se escapaba de casa para pasar el rato en la selva. Antes de regresar a la aldea, el muchacho le pidió volver a pasar por la ciénaga para ver de nuevo a los choms.

—Son unas aves impresionantes —comentó su padre—, y muy valiosas.

—¿Valiosas? Pero si todo el mundo las odia. Y dicen que traen mala suerte.

—Eso son creencias sin sentido. Al contrario, el hambre insaciable de estos pájaros limpia la naturaleza y, gracias a su labor, hay menos podredumbre, y así el aire que respiramos es más limpio.

—Ya se han ido —dijo el muchacho, algo decepcionado al llegar a la ciénaga—. Pero es verdad que no huele tan mal como esta mañana.

Aquellas aves que un día fueron la envidia de los cielos del Mayab habían asumido un papel mucho más difícil librando a la naturaleza de los desechos, y eso no podrían haberlo hecho con sus prístinas plumas blancas. Como dijo el anciano que hablaba con los pájaros: «Todo lo que existe en la naturaleza tiene una razón de ser».

EL UAY CHIVO

En los tiempos del Yucatán colonial, cuando los mayas convivían con españoles y africanos, el orden religioso impuesto por los pueblos colonizadores provocó la desaparición de los sacerdotes indígenas.

Sin embargo, la población los protegió y pudieron continuar trabajando para la sociedad maya como *h'men*, hombres o mujeres dedicados a curar tanto los males de las personas como los del campo en que habitaba su pueblo. Conocían tan bien las plantas que podían preparar con ellas remedios contra las dolencias del cuerpo, y su relación con los dioses de la naturaleza los dotaba —a ojos de la comunidad— para sanar las enfermedades causadas por los espíritus.

Para ser *h'men* había que tener un don especial, aunque también ayudaba que algún miembro de la familia dedicado al oficio estuviera dispuesto a enseñar. Este camino de aprendizaje, cuya finalidad era hacer el bien, no siempre era recto. En ocasiones, el contacto con las fuerzas sobrenaturales podía desviar al más limpio de los corazones. Muchos coinciden en señalar que algo así debió de sucederle al temido «espíritu chivo», quien desde niño tuvo sueños reveladores y manifestó ese don que permite ser intermediario entre los espíritus y los humanos.

—Me gustaría que mi nieto mayor viniera a vivir conmigo para enseñarle —le pidió un día un viejo *h'men* a su hijo—. Creo que tiene el don, que está predestinado a sanar.

—Mucho me duele separarme de él, padre, pero me siento afortunado de que mi hijo siga tus pasos y aprenda a trabajar con el bien.

—¡Ahora no, por favor! —protestó el adolescente, aun a sabiendas de que no debía discutir las decisiones de sus mayores.

Para el joven, irse con su abuelo suponía alejarse de la muchacha de la que andaba enamoriscado; por eso hizo un vano intento de retrasar el momento, pero finalmente tuvo que aceptar la decisión familiar y mudarse a la choza apartada en la que vivía el anciano. Con todas las tareas que le encomendaba cada día su abuelo, no tardó en olvidarse de la muchacha y empezó a descubrir cuánto le gustaba recolectar y aprender el uso de hierbas para aliviar las enfermedades más comunes de la región. En unos años, el conocimiento de las plantas y la facultad para elaborar remedios pasaron a ser su responsabilidad, mientras que el viejo *h'men* se concentraba en las ceremonias para sanar aquellas afecciones del espíritu que aquejaban al cuerpo, como el mal de ojo o el mal aire.

Finalmente, llegó el día en que el muchacho estuvo preparado para su iniciación, que consistió en permanecer solo en una cueva nueve días, entre ayunos y rituales. Esto activó su predisposición natural a penetrar en otras realidades mientras dormía. Fue en una de esas noches, en la soledad de la cueva, cuando tuvo un sueño que lo afectó sobremanera. En él se vio solo en el monte frente a un macho cabrío de ojos muy negros que repentinamente lo embistió con su cornamenta. El brutal impacto y el rostro del animal fueron tan vívidos que aquella escena se quedó grabada en su memoria hasta el punto de ponerse en guardia cada vez que se encontraba con algún rebaño de chivos, no fuera que el sueño se tratara en realidad de un aviso profético sobre peligros que aún estaban por venir.

No hacía mucho que el joven se había incorporado a sus funciones junto a su abuelo, cuando se presentó en la choza de los curanderos un pastor trashumante con dos chivos enfermos. Había insistido en que le atendiera el viejo, pero éste le había enviado a su nieto con el pretexto de que él tenía un trabajo complicado que atender. El pastor, que acababa de instalarse en el pueblo con su familia y el rebaño hasta que pasara la época de lluvias, no aceptó de buena gana ser atendido por el joven, pues daba por sentado que a su edad no sabría lo suficiente.

Viendo que se trataba de un hombre desconfiado y huraño, el nuevo *h'men* lo trató con tiento. Examinó a los dos chivos y vio que cojeaban sin tener herida alguna, y parecían tener fiebre. El muchacho reconoció en estos síntomas una afección común entre estos animales, el gabarro, y preparó unos emplastos con los que envolver las pezuñas infectadas, recomendando al pastor que evitara que los animales pisaran terreno húmedo. Poco convencido de que aquello fuera a curar a sus cabras, el pastor se marchó diciéndole que no le pagaría si en unos días los animales no mejoraban.

Semanas después se presentó en la casa de los curanderos una muchacha que llevaba un chivo marrón atado con un cordel.

—Toma, es para ti —pronunció tímidamente la pastora sin apenas levantar los ojos del suelo—. Mi padre te lo manda como pago. Es muy tozudo, ¿sabes?, y no creía que eso de apartarlos de la humedad ayudara en algo. Pero yo les preparé un corralito sobre tierra seca y se han curado del dichoso gabarro.

—¿Ayudas a tu padre a cuidar del rebaño?

—Sobre todo ahora que él no se encuentra muy bien. Parece que tiene un mal aire o algo así...

—Le diré a mi abuelo que vaya a verle. Él sabe curar ese mal.

Desde aquel día el aprendiz de curandero ya no pudo centrarse en sus quehaceres. Enamoradizo como era, la pastora le había encandilado a tal punto que no podía pensar en otra cosa que no fuera ella. Por ese motivo, y no por su afán de aprender —que había sido la excusa que le dio a su abuelo—, lo acompañó a visitar al pastor. Encontraron a este tumbado en una hamaca, con aspecto débil y ardiendo en fiebre.

—Se comporta muy raro, como si no fuera él... —comentó la esposa del pastor al curandero, ratificando con ello al anciano que el hombre sufría un mal aire.

—¿Ha pasado cerca de algún cadáver o ha presenciado alguna muerte violenta? —le preguntó el anciano *h'men* para descartar los orígenes más comunes de esa afección.

—Estuve con las cabras junto a la caoba de la fuente —dijo con voz entrecortada el enfermo—. Más tarde me enteré de que allí habían asaltado a un milpero para robarle y le habían dado muerte.

—¡Ahí debió de comenzar tu mal aire! —exclamó el viejo, satisfecho de haber dado con el origen del mal—. Ése es un lugar donde la maldad ha estado presente.

Esa tarde, mientras el anciano hacía los preparativos para tratar al pastor, el muchacho salió del rancho y se dirigió loma arriba hasta donde se hallaban pastando las cabras. Como imaginaba, allí encontró a la joven pastora. Sentada con la espalda apoyada en una roca, trenzaba algo con henequén. Al verlo llegar, la joven se ruborizó y se levantó pensando que venía a comprobar el estado de las cabras, por lo que lo guio entre el rebaño hasta llegar a un pequeño corralito formado con varas donde habían apartado a los animales enfermos. No tardaron en pasar de los monosílabos y silencios incómodos a hablar con más confianza, como si se conocieran desde hacía tiempo. Al joven curandero se le quedó fijada en el rostro la sonrisa. Un nuevo amor había entrado en su corazón.

Aquella mañana fue la primera de una serie de encuentros prohibidos por las costumbres de la época y empezaron a verse a solas sin la custodia moral de un familiar de la joven. Aquellas tardes idílicas terminaron abruptamente cuando una tarde el pastor, que ya se había repuesto, sorprendió a los dos enamorados hablando en la loma. En cuanto les puso la vista encima, el hombre alejó con brusquedad al curandero mientras profería palabras muy ofensivas contra él. El muchacho trató de tranquilizarlo sobre sus buenas intenciones para con su hija y cuando al fin consiguió que se calmara, el pastor le dijo:

—Si quieres enamorar a mi hija, tendrá que venir tu abuelo a pedírmelo, así es como siempre se ha hecho.

—¿Pero después de que venga mi abuelo podremos volver a vernos? —preguntó el muchacho desconfiando de sus intenciones.

—Me lo pensaré, pero, mientras tanto, tendrás que traerme varios regalos para estar seguro de cuánto valoras a mi hija —pues ésa era la vieja usanza de los noviazgos.

Aquel hombre no acababa de gustarle al curandero. Le parecía rudo y menos preocupado por la honra de su hija que en lo que podía conseguir con el cortejo. No obstante, hizo cuanto mandaban las buenas costumbres para que una pareja fuera conociéndose y, al cabo de una semana, logró el permiso para poder sentarse con su adorada pastora, pero a más de dos metros de ella y con la madre en medio de los dos. Poco podían decirse, aunque aprendieron a hablarse con los ojos manteniendo con la mirada una conversación silenciosa salpicada de risas contenidas, rubores inesperados y carraspeos de la madre para reconvenirlos. En cada ocasión, antes de regresar a su casa, se aparecía el pastor para decirle qué obsequio debía de llevarle en el siguiente encuentro, y cada vez éstos eran más caros. El muchacho ya había perdido la cuenta de los obsequios que había llevado a la familia del pastor. Sin embargo, el amor por su hija crecía con cada encuentro y él regresaba feliz a su choza, donde se consolaba jugando con el pequeño chivo. La compañía del animal le ayudaba a imaginarse que se encontraba junto a la pastora, por lo que la espera hasta verla de nuevo se le hacía mucho más llevadera. Un día que el joven salió a recolectar hierbas, se fijó en que el calor había comenzado a secar el terreno. Esto le hizo caer en la cuenta de que, en cuanto escaseara el pasto, la familia de pastores levantarían el rancho para dirigirse a las montañas. Su ánimo se sobresaltó ante la perspectiva de perder a la muchacha.

—No quiero que ella se marche —le dijo con angustia a su abuelo—. ¿Qué puedo hacer?

—A menos que quieras trabajar para ellos como pastor no veo otro modo que no sea pedirle matrimonio. Ya has cumplido veinte años y puedes mantener tu propio hogar.

—Es cierto; y ya le he demostrado que la valoro —replicó enseguida lleno de convicción.

Cuando llegó el siguiente domingo que le tocaba visitar a la muchacha, el joven se bañó, acicaló y repeinó con más esmero que de costumbre. Además del regalo que le había solicitado el pastor, envolvió unos ungüentos para las cabras con el único fin de ablandar la terquedad de aquel hombre, y que así aceptara la propuesta que pensaba hacerle. Soñador e ilusionado, mientras se dirigía hacia donde acampaba la familia de pastores fue pensando: «Hoy se decide mi felicidad». Sin embargo, apenas llegó, la visión del campo vacío fue como un latigazo en su corazón, que se precipitó de golpe desde la ilusión y la felicidad a la peor realidad posible. No quedaba rastro ni de las cabras ni del rancho y las personas que lo ocupaban.

Entonces una idea irrumpió en su cabeza, una hebra de esperanza. Tal vez aún no era tarde y podría alcanzarlos. Sin pensar, salió corriendo hacia la loma buscando desesperadamente cualquier rastro de la familia de pastores. Una vez allí, jaleado por la ansiedad, echó a correr sin rumbo, arrepentido de no haberles preguntado nunca hacia dónde se dirigirían después, ni dónde vivían los dueños del ganado. ¡No sabía nada de ellos! ¿Por dónde buscaría ahora a la pastora? Abatido, regresó a la loma donde todo había comenzado y reparó en que del tallo cortado y reseco de un árbol colgaba una bolsa de henequén, la misma que la dulce pastora había estado tejiendo en la cocina la semana anterior. Mientras la descolgaba, acudió a él el recuerdo de su última conversación:

—Ésta será para ti, para que lleves las hierbas para tus remedios.

—Espero que pronto puedas acompañarme tú —le había respondido el muchacho, que ansiaba pasar con ella todas las horas del día y de su vida.

—No sé si podrá ser... — le había contestado la joven mirando hacia donde su padre cortaba leña con el hacha que el joven le había regalado.

—¿Es que tu padre no piensa aceptarme? ¡Le he traído cuanto me ha pedido y le he curado las cabras sin pedir nada a cambio! —se quejaba, harto de aquel trato abusivo que hacía aumentar su animosidad hacia el pastor con cada visita.

—No es eso. Es que me necesita para cuidar el rebaño y no cree que tú vayas a dejar de ser *h'men* para seguirnos con las cabras. Dice que no es vida para alguien como tú.

«¿Sabía ella aquel día que pronto abandonarían el lugar... y a él?», se preguntaba. La duda le lastimó hasta el punto de sentir que le faltaba el aire. ¿Sería cierto que el pastor le había tenido engañado todo ese tiempo? Estaba convencido de que lo había planeado desde el principio, ¡se había aprovechado de su ingenuidad! ¿Y ella? ¿Es que no conocía las intenciones de su padre? ¿Lo había traicionado también?

*

Sabiendo que los desamores en la juventud acaban por curarse, el anciano hechicero no quiso dar mayor importancia al abatimiento de su nieto, y dejó que las ocupaciones hicieran su parte y fueran reemplazando a los pensamientos amorosos. El joven *h'men* se volcó en su clientela y aumentó sus salidas en busca de plantas. Sin embargo, nunca se llevó la bolsa de henequén, pues le recordaba el engaño del pastor y su hija, a quien con el tiempo creyó tan culpable como al padre.

Desde luego, aquella decepción había tenido efectos en su carácter, y el antes joven locuaz y risueño se había vuelto callado y taciturno. Sus cada vez mayores conocimientos de plantas y habilidades terapéuticas habían conducido hasta su choza a la criada africana de unos españoles que vivían en el pueblo. La mujer era conocida en la zona por sus hechizos amorosos, algo poco extendido entre los curanderos mayas, y el curandero vio la ocasión propicia: le pediría a la criada que hiciese uno de aquellos poderosos filtros.

—Es para una mujer que me ha engañado —le explicó él.

—¿Qué deseas conseguir?

—Que jamás encuentre el amor. —Al decirlo, le sonó rencoroso, pero era lo que sentía.

—Sea pues. Aunque lo que me pides es arriesgado, porque implica hacer daño a alguien: eso requiere que trabaje con espíritus muy fuertes, entidades capaces de conducir los deseos por caminos enrevesados e impredecibles —respondió, misteriosa, la bruja.

Cuando la hechicera terminó su trabajo, el curandero se sintió aliviado por esa cómoda venganza silenciosa, y fue recuperando el sosiego. Sin embargo, su afán por saber y la ambición de controlar voluntades le llevaron a iniciarse en aquella nueva magia llegada del otro lado del océano que eran los hechizos de amor. En el olvido había quedado el sagrado mandato que como *h'men* había jurado ante su abuelo: el de que siempre consagraría su don a hacer el bien. Los ideales altruistas con los que había empezado a servir a su pueblo palidecían en comparación con los copiosos beneficios que los filtros amorosos le reportaban.

—Lo que haces no es propio de un buen *h'men* —le recriminó un día su abuelo—. No debes controlar la voluntad de la gente; sólo los espíritus pueden.

—En este mundo todos engañan para conseguir lo que quieren. O traicionas o eres traicionado, y yo he decidido de qué lado quiero estar.

Al abuelo no se le escapó su tono rencoroso.

—Esos bebedizos y hechicerías extranjeras que has aprendido para forzar amores no son mayas, no son de nuestro pueblo. Sigue con tus remedios para sanar, no te metas en cosas oscuras. ¡Son peligrosas!

El curandero no sólo no hacía caso al viejo hechicero, sino que se metió de lleno a investigar con ingredientes nuevos y a colaborar en los ceremoniales de la hechicera africana.

—Si quieres llegar a ser un maestro entre los nuestros —le había dicho ésta—, debes dar un paso más, como hacen los poderosos chamanes de mi tierra: transmutarte en animal. Sólo a través de sus ojos verás lo que los humanos no ven y adquirirás unas habilidades que, de otra forma, te están vedadas. Sin embargo, no todo el mundo está preparado para entrar en el espíritu de una bestia.

—Ya no le tengo miedo a nada —respondió el curandero, desafiante.

—¿Y en qué animal querrías convertirte?

A la hechicera le sorprendió la rapidez con la que respondió:

—En chivo.

—¿Por qué? ¿Qué cualidades deseas de ese animal?

El joven no quiso ahondar en sus razones. Excepto su abuelo, nadie sabía nada sobre su desamor con la pastora de chivos y la huida de ésta. El despecho por aquel engaño le había ido emponzoñando por dentro, y cualquier cosa que se lo recordara despertaba en él arrebatos de ira. Pero, en cuanto supo que podría convertirse en un animal, comenzó a darle vueltas a una idea.

La transformación conllevó un aprendizaje que fue guiado por la hechicera africana. Tuvo que someterse a unas pruebas para asegurarse de que podía adoptar el cuerpo y el espíritu del chivo. Había planeado que, cuando poseyera el cuerpo del animal, buscar el lugar donde vivía la pastora para después…, bueno, ya vería qué hacer cuando llegara el momento.

El ritual debía llevarse a cabo en una fecha significativa para él, así que eligió el aniversario del comienzo de su dolor: el día de la marcha de la familia de pastores. El lugar idóneo para hacer la ceremonia sería una cueva alejada. Allí ayunó durante un día completo para expulsar de su espíritu toda idea de mal: para evitar que éste se volviese dañino, no debía entrar en el chivo con malos deseos. Al día siguiente, sacrificaron al chivo que le había regalado la pastora, que para entonces era adulto y había desarrollado su cornamenta. El curandero no se compadeció ni un segundo de aquel animal que le había mantenido unido al recuerdo de su amada todo ese tiempo. Tampoco mostró remordimiento cuando los ojos del chivo, cargados de dolor, le miraron con incomprensión; ni cuando, en su último aliento, el animal buscó refugiarse en sus piernas como siempre que buscaba su afecto.

La hechicera vertió la sangre del chivo sobre un cuenco donde había preparado una mezcla con setas, polvos y otras sustancias para alterar la conciencia. Aquello —le había explicado— le haría sentirse en el cuerpo del chivo sin experimentar el dolor de la transmutación.

—No olvides que, si envileces el espíritu del animal haciendo mal a alguien utilizando su forma, quedarás apresado con su aspecto para siempre —le advirtió como último consejo la hechicera.

—Nunca he hecho ningún mal con mis conocimientos —le respondió seriamente.

—Siempre hay una primera vez. Cuando estás dentro de una bestia, tu parte humana no es la que tiene el control, sino la animal.

En cuanto empezó a sentir los efectos, cerró los ojos y se concentró en el poderoso peso de la cornamenta. Una vez terminada la transformación, los abrió de nuevo y comenzó a observar su cuerpo. Se sintió fascinado por la fortaleza de sus nuevos y musculosos brazos, que terminaban en pezuñas duras y afiladas. Al inclinar la cabeza para verse el abdomen velludo, sintió el roce de la larga barba que salía de su mentón y sonrió.

Moverse no le resultó fácil, porque tendía a buscar la posición erguida propia de los humanos, pero, tan pronto como se habituó a su nuevo cuerpo, se echó a correr por el monte, trepando rocas y descendiendo por hondos barrancos en busca de la familia de pastores. En realidad, se hubiera dado por satisfecho con verla a ella. Sólo pretendía mirarla una última vez para cerrar la herida de aquel recuerdo que tanto daño le hacía. Pensó incluso en acercarse a la muchacha para frotarle el lomo contra la pierna como hacían los chivos para reclamar la atención.

Cuando encontró el lugar, ya era de noche y la luz se colaba través de la lona del rancho, por la que se asomó con cautela. En su interior sólo estaba el matrimonio de pastores. Apartó un poco más la tela de la entrada con la cornamenta y asomó más la cabeza. Reparó en un pequeño altar, que había estado allí mientras había visitado a la familia. Tenía una vela encendida y, frente a ella, había unas flores y un mal retrato a carboncillo de la hija de los pastores. Sintió el mismo latigazo hiriente en el corazón que había sentido el día en que fue a proponerle matrimonio. ¿Por qué no estaba ella con sus padres? No eran horas de andar sola por el monte, era muy peligroso. Ansioso por verla, recordó que podía hablar con los de su especie y trotó hasta el corral para preguntar a los chivos más viejos del rebaño.

«Triste, amor, desesperación, fuga, oscuridad, cenote, caída, muerte.» El lenguaje de aquellos animales era una sarta de palabras aisladas a las que el curandero tuvo que encontrar un sentido para averiguar que la joven pastora había entrado como él en la desesperación: se había rebelado contra la decisión de su padre y se había fugado la misma noche en que abandonaron el pueblo para regresar junto al joven curandero. La noche sin luna le impidió ver el cenote, cubierto por las plantas, en cuyo oscuro fondo halló la muerte.

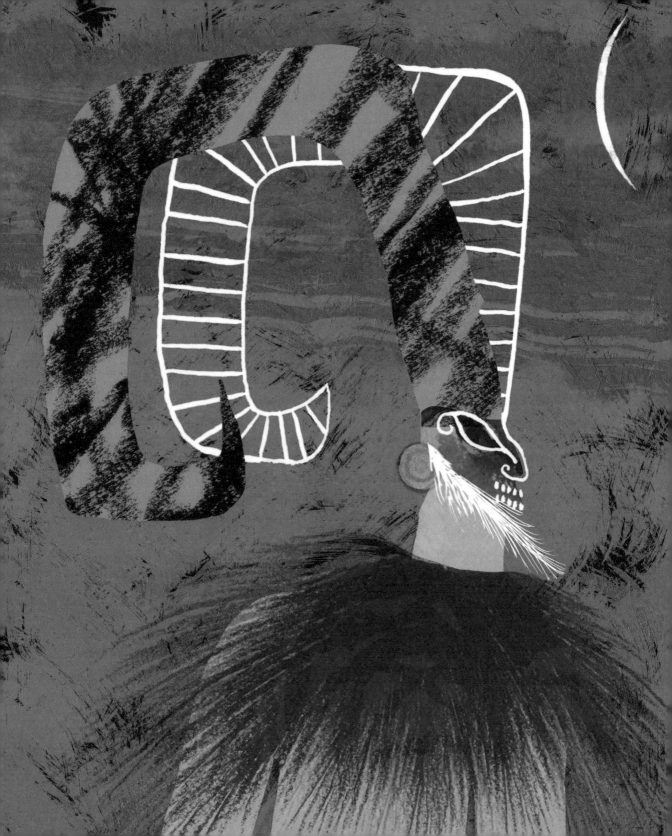

*

El anciano hechicero supo que algo grave le ocurría a su nieto con sólo mirarle a los ojos, cada vez más oscuros y enrojecidos. Ya no hablaba ni compartía las comidas con él a la fresca sombra del techado de paja del patio. Algunas noches, oía abrirse la puerta del patio y sentía sus pasos alejándose de la casa, para regresar horas después con aspecto agotado. Cuando el abuelo reparó en la ausencia del chivo, su nieto se limitó a decir que lo había sacado a pasear por el monte y que no había vuelto jamás.

No tardaron en llegarle rumores terribles de una bestia que estaba aterrorizando a la región. Se decía que un hombre chivo salía al cobijo de la noche y que, poseído por una sed de violencia sin igual, mataba a cualquiera que se cruzara en su camino.

—...El otro día apareció él muerto y la semana pasada mataron a su amigo. Dicen que fue ese hombre chivo. Pero ¿sabes qué? No creo que nadie los eche en falta —contaba en la calle una mujer refiriéndose a dos conocidos maleantes que se ganaban la vida estafando a la gente.

— A mi esposo le dijeron también que un milpero vio a un hombre con cabeza de chivo merodeando y que, cuando se le acercó con un arma para hacerle frente, se apoderó de él un frío como de otro mundo, tan aterrador que acabó saliendo de allí como un jaguar —añadió otra.

—Pues mi hija regresaba la otra noche de su trabajo y oyó unas pisadas que la seguían. Tenía tanto miedo que no quiso volverse a mirar atrás y se escondió tras un árbol. Entonces vio pasar por delante una figura de hombre con cuernos de chivo. La pobrecita me contó, aún muerta de miedo, que, al pasar aquél, la envolvió un aire como de muerte... —explicaba otra, haciéndose eco del temor que prendía en la imaginación de las gentes, en las que el monstruo adoptaba formas cada vez más terroríficas.

Y a ese chivo con piernas de hombre y ojos de demonio que hacía el mal caprichosamente se añadieron más detalles de quienes decían haberse cruzado con él, como que era un hombre que había hecho un pacto con Kisín, el demonio maya, y que éste le enviaba a cobrarse a sus víctimas. No había semana en que no circularan rumores nuevos sobre más avistamientos de la bestia o que se encontraran más víctimas del hombre chivo, que no contento con descargar su rabia a patadas contra el desgraciado de turno, relataban, también asaltaba los corrales y se bebía la sangre de las cabras. Aunque la historia que más le impactó al anciano hechicero fue la que le explicó un pastor que se acercó a él en busca de remedios. Éste le contó que el anterior pastor del rebaño que él ahora conducía había sido asesinado.

—No se sabe cómo pasó. Su esposa había salido un momento del rancho y, al volver, se lo encontró todo destrozado, y al marido muerto a patadas. No había restos de disparos ni ninguna arma, sino sólo marcas de pezuñas por todas partes. Como se lo cuento, ¡muerto a patadas!

—Eso no es un animal, es un *uay* —sentenció el viejo hechicero utilizando la palabra maya con la que se nombra a los espíritus. Un brujo transformado en chivo que se ha convertido en servidor de Kisín.

Sí, aquello tenía que ser obra del demonio maya.

Desde entonces nadie salía de noche por los caminos, ni andaba por las calles a solas. Lo habían pedido las autoridades, que urgieron a todo el mundo a vigilar sus espaldas, porque el mal andaba suelto y que, si por causalidad veían acercarse a un hombre con cabeza de chivo, lo último que debían hacer era mirarlo a los ojos, pues de esa manera se desataba todo el mal que había en él.

El uay chivo era un buen servidor de su amo Kisín. Nunca preguntaba por qué debía matar a ése o a aquél: sólo buscaba hacer el mal. Cuando la hechicera africana al fin se lo encontró en mitad de su huida del pueblo, se atrevió a mirarle a los ojos.

—Te lo advertí —le dijo ella a quien, intuyendo su fin, se sobrepuso al terror para recriminarle al que había sido su aprendiz—: debías estar limpio de deseos de venganza para morar en el espíritu de un animal. ¿No ves que ellos no desean el mal y esos sentimientos los enloquecen porque no los comprenden?

Por toda respuesta, el uay chivo cargó contra ella con la monstruosa cornamenta por delante y extinguió su vida sin ceremonias ni atisbo de remordimiento.

El anciano hechicero moriría de viejo, llevándose consigo a la tumba el pesar de saber que quien iba a ser el continuador de la tradición se hubiera apartado de las enseñanzas mayas. Tras su muerte, el noble anciano utilizaría sus poderes en un último intento por traer el bien al mundo, apareciéndose en los sueños de su nieto con el fin de intentar desvincularlo del monstruo que sigue matando y aterrorizando a la gente. Por desgracia, los maléficos deseos de Kisín son mucho más poderosos que los del bienintencionado hechicero y, cuando cae la noche, el joven y prometedor *h'men* se abandona a la bestia de su interior y sale a cumplir ciegamente con los retorcidos designios de su señor Kisín.

Una leyenda de amor

La princesa
Sac Nicté

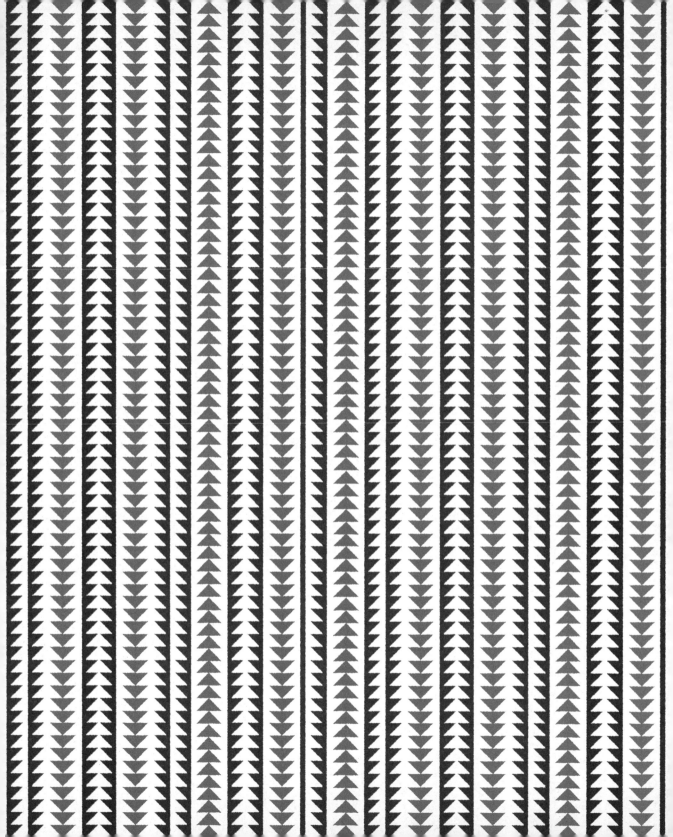

Itzamná, el señor del día y la noche, dios del cielo, creó el Mayab para unos pocos elegidos y se lo regaló a los mayas, cuyos pueblos habitaron esta región que a lo largo de los siglos vio desaparecer y resurgir tanto su vegetación como a sus habitantes. Allí se alzaron las tres urbes mayas más importantes, Uxmal, Chichén Itzá y Mayapán, que también serían abandonadas para más tarde ser repobladas. Las tres rivalizaban en edificios monumentales visibles por encima del dosel de la selva, y se hallaban conectadas entre sí por calzadas que bullían de mercaderes, de canteros que transportaban piedras para la construcción de los templos o palacios, así como de soldados de los ejércitos de los tres pueblos que señoreaban aquellas tierras.

En los tiempos en que se sitúa esta leyenda, Chichén Itzá se estaba repoblando por segunda vez, en esta ocasión por el pueblo guerrero de los itzaes, liderado por Chac Xib Chac. Sin embargo, una parte de ellos fueron expulsados y se establecieron en un lugar no muy distante, haciéndose llamar pueblo cocom. Éste estaba liderado por Hunac Ceel y sus miembros fundaron una ciudad a la que bautizaron Mayapán y que diseñaron de manera muy semejante a Chichén Itzá. Por su parte, la ciudad de Uxmal, gobernada por los tutul xiués bajo el señorío de Ah Mekat, vivía su segundo repoblamiento, ya que también había sido abandonada anteriormente.

A principios del siglo XI, los conflictos en la región eran frecuentes y los líderes de estas tres urbes coincidieron en ambicionar la paz para sus ciudades, pues las continuas guerras suponían un desgaste permanente. Así fue como convinieron firmar un pacto singular en la historia de los pueblos mayas: la creación de la Liga de Mayapán.

—Hemos hablado mucho del pacto que nuestras ciudades se comprometen a mantener desde hoy —comenzó Hunac Ceel, el jefe de los cocomes de Mayapán, de quien habría partido la idea—. Con ello uniremos fuerzas y seremos los más poderosos del Mayab.

—Señor de Mayapán, reconocemos tus esfuerzos para lograr la paz entre nuestros pueblos —replicó el rey de Uxmal—. Esta unión hará que nos respeten más allá de las fronteras del Mayab, y, como tú nos dijiste, es el primer paso del camino a la prosperidad de nuestras ciudades.

—Quisiera proponeros algo más —continuó Hunac Ceel dirigiéndose al señor de Uxmal—. Me gustaría fortalecer este vínculo uniendo nuestros linajes.

—Todo cuanto sea reforzar el pacto me parece bien. ¿Qué propones?

—El matrimonio entre mi hija y tu hijo —respondió el señor de Mayapán—. Un pacto de sangre imborrable ante los dioses que se perpetuará durante generaciones.

Aunque la propuesta no iba dirigida a él, el señor de Chichén Itzá la aceptó con un gesto. Sin embargo, sentía una vez más el acecho de la sombra de la desconfianza que siempre le generaban los señores de Uxmal y Mayapán. Motivos no le faltaban: con ese matrimonio, las dos ciudades se situarían por encima de Chichén Itzá, que hasta la aparición de Mayapán había sido la ciudad más poderosa de todas. «Al unirse las dos familias, ellos tendrán un vínculo más fuerte y, en caso de conflicto, se ayudarán entre sí y dejarán de lado a los itzaes», pensaba. Sin embargo, calló. Habría preferido que el novio fuera su hijo, un joven valiente y con ideas, que no se dejaba influir por nadie y que pronto asumiría su responsabilidad de gobierno, pero parecía que la decisión del líder de Mayapán era definitiva.

—Celebro vuestra dicha —felicitó el señor de Chichén Itzá a los señores de Mayapán y Uxmal—. Espero veros antes de la boda. Mi hijo cumplirá pronto veintiún años y se convertirá en el nuevo jefe de los itzaes. Estáis invitados a la ceremonia.

Los tres líderes de la confederación más importante del Mayab central se despidieron orgullosos de su alianza y de poder dejar el destino de sus pueblos sobre los hombros de lo más valioso que tenían: sus hijos.

*

Quince años antes de esta unión, el señor de Mayapán, Hunac Ceel Cauich, y su esposa, la princesa Estrella de Oro, habían tenido una hija, una hermosa niña nacida el día del solsticio de verano: era un excelente augurio. La parte principal del templo de Kukulkán ya estaba terminada. Se parecía mucho al original de Chichén Itzá, aunque a menor escala. Días después de su nacimiento, el ufano padre ascendió por la escalinata de la fachada con la criatura entre sus manos: era ese momento de la mañana en que las sombras proyectadas por el sol formaban una sucesión ascendente de triángulos que terminaban en la cabeza de serpiente, esculpida al pie de la pirámide.

Como sacerdote, además de gobernante, Hunac Ceel ofreció la niña a la serpiente emplumada, el dios de los mayas:

—Benefactor dios del pueblo de la paloma torcaz —como se llamaban los cocomes—, acepta a esta sierva que en adelante reconocerás por el nombre de la flor más bella del Mayab: ¡Sac Nicté!

—¡Sac Nicté! ¡Sac Nicté! ¡Sac Nicté! —aclamó el pueblo de Mayapán congregado frente a la pirámide.

—Está escrito en los libros —vaticinó el astrónomo, a quien sólo llegó a oír Hunac Ceel, pues la multitud seguía con su algarabía de vítores, cánticos y címbalos para dar la bienvenida a la princesa recién nacida— que su vida cambiará el destino de nuestro pueblo y que será conocida en tiempos venideros muy lejanos, pues con ella emergerá un pueblo nuevo.

Según fue creciendo, la niña cautivaba a sus padres y a su gente por su sensibilidad y dulzura y, como el aroma de esa flor blanca que perfuma los campos mayas, pronto se difundieron algunos hechos singulares en torno a su persona. Se contaba que que un día, cuando tenía cinco años, se hallaba en uno de los jardines del palacio con su niñera cuando se les acercó un desconocido:

—Largo ha sido el trecho que he recorrido y no he encontrado agua alguna en el camino. ¿Podéis ofrecerme un guaje para calmar la sed? —preguntó respetuosamente el caminante.

—Yo se la daré —se adelantó la pequeña princesa, presurosa por coger una jarra para servirle agua en la jícara que habían sacado los sirvientes para el cacao.

—Dulce niña de bondadoso corazón, que el amor te colme de dicha como tú has calmado mi sed —le deseó el caminante.

Y antes de que Sac Nicté le hubiera pasado la vasija, profirió:

—¡Mirad! ¡Se ve una flor!

Efectivamente, en la superficie del agua no se reflejaba su rostro, sino una flor de plumeria, aquella a la que debía su nombre.

Otro episodio que se añadió a su aureola de niña predestinada fue uno que se extendió de boca en boca como una señal inequívoca de su destino:

—¡Mira quién ha venido a saludarme, mamá! —exclamó Sac Nicté, que ya tenía diez años, señalando a la paloma torcaz que se había posado en su hombro.

—Eso es porque eres alguien especial para el pueblo cocom —le recordó su madre, quien aprovechó para explicarle que la familia era conocida como la del «linaje de la paloma torcaz».

—¿Crees que ella sabrá eso? —le preguntó extrañada la niña mientras depositaba un beso en el pico del animal y le daba de comer un grano de maíz.

—Cosas así siempre guardan un mensaje de los dioses. Le preguntaremos a uno de los sacerdotes para asegurarnos.

Y lo hicieron, pero la interpretación que obtuvieron fue tan enigmática que la niña no entendió gran cosa.

*

A una jornada de camino de Mayapán, crecía también el hijo de Chac Xib Chac, que había nacido siete años antes que Sac Nicté. Por su edad y posición, el muchacho estaba siendo educado como guerrero, y ya comenzaba a asomar en su personalidad un incipiente lado oscuro, como refleja este episodio que se contaba en Chichén Itzá:

—¡¿Por qué has hecho eso?! —le reconvino su tutor al verle atrapar una mariposa con la mano para luego arrancarle las alas y deshacerlas entre las yemas de sus dedos.

—Sólo era el alma de un guerrero muerto —respondió con una dureza extraña para su edad.

—No debiste hacerlo —insistió su tutor—. Hace falta ser poseedor de mucho poder para transformarse en mariposa después de morir. Ese guerrero debía de ser excepcional y se había ganado la eternidad. ¡No tenías ningún derecho a hacerle eso! ¡No puedes hacer siempre lo que te venga en gana sin pensar en las consecuencias!

—¡Bah! ¿Qué más me dan los muertos? Tenemos muchos guerreros vivos —exclamó el niño que estaba destinado a dirigir al pueblo itzá con una mirada de negrura implacable.

El muchacho se entregaba con pasión a los duros entrenamientos a los que se le sometía, de manera que a los catorce años ya era diestro en las armas de caza y de la guerra. Cobrarse piezas era para él una recompensa, no por el valor de la piel o la carne, sino por el poder y respeto que obtenía por ser uno de los mejores cazadores y uno de los guerreros más aguerridos. Los nobles itzaes organizaban partidas de caza tan frecuentes que ya en ese tiempo comenzaron a menguar en la zona los venados y los jaguares: eran especialmente codiciados porque sus pieles constituían para los cazadores el ropaje del triunfo. Fue en una de estas batidas cuando ocurrió un suceso que sería relatado entre los itzaes para describir el carácter de su futuro líder.

Había salido de la ciudad con un grupo de caza, todos con la piel tintada de negro para camuflarse entre el follaje. El grupo se detuvo en el bosque al oír un débil gemido y, cuando avanzaron silenciosos entre los árboles, vieron a un pequeño venado de cola blanca colgando de una caoba.

—Es una de las trampas que ponen los campesinos para vendernos luego los venados —sugirió el príncipe observando la respiración agónica del animal.

—Vamos a descolgarlo, es muy joven —sugirió uno de los cazadores apiadándose del animal.

—Espera, mira, aún llora —comentó el príncipe al ver los ojos acuosos del venado para, a continuación, clavarle su afilada navaja de obsidiana en el pecho, abrirlo en canal y arrancarle el corazón—. Así ayudaremos a que llueva. Un venado debe morir llorando para que sus lágrimas atraigan las gotas de lluvia.

Después el príncipe hincó la rodilla en el suelo e invocó a Chaac, dios de la lluvia y la fertilidad, al que ofreció el corazón palpitante del venado depositándolo sobre un montículo de piedras.

Ésta y otras semejantes eran las historias que se contaban en Chichén Itzá para dibujar el carácter feroz —al tiempo que respetuoso— con los dioses, de quien estaba destinado a gobernar un día su pueblo. Ese momento acontecería siete años después, con la llegada del vigésimo primer cumpleaños del príncipe, momento en el que la ciudad se preparaba para el traspaso de poder de Chac Xib Chac a su hijo.

—Como señor de los itzaes —le aconsejó su padre días antes—, deberás usar tanto el valor como la inteligencia. Refrena tu impulsividad y tómate tiempo para meditar las decisiones. Que me hagas caso es ahora más importante que nunca, puesto que nos encontramos al principio de una nueva era para nuestra ciudad, una en la que deberás gobernar junto al consejo de la Liga de Mayapán, lo cual no será fácil porque seguramente tendrás que ceder en más de una ocasión en pos de la convivencia.

—Está bien, pero no permitiré que ni Mayapán ni Uxmal nos tomen por débiles y hagan cuanto se les antoje a nuestras espaldas.

—Me consta que tienen buenas intenciones. No olvides que es suya la iniciativa de esta liga para acabar con las guerras constantes entre nuestras ciudades. Éstos son nuevos tiempos y ha llegado la hora de hacer las cosas de otro modo.

El día de la gran ceremonia, el príncipe se retiró al templo de Zamná, en la cercana ciudad de Izamal. Había llegado el momento de ser nombrado señor de Chichén Itzá y la celebración tendría lugar allí: para los itzaes era muy importante el culto a Zamná, quien, antes de ser venerado, había sido un sacerdote y sabio cuyo legado y enseñanzas habían guiado al pueblo a través de muchas tribulaciones. También porque el templo de su propia ciudad aún no estaba finalizado, y el acto requería la grandiosidad y cercanía en altura al dios del Sol, algo que sí ofrecía la estructura erigida en Izamal.

Guiado por los sacerdotes del templo, el príncipe pasó las primeras horas del día realizando los rituales de purificación. Cuando finalizó, salió al exterior y se dirigió hacia la pirámide dedicada al dios, donde distinguió en lo alto a su padre, que lo esperaba sentado en un asiento ceremonial con su tocado de jefe de los itzaes.

Casi era mediodía y empezaba a hacer calor, pero, gracias a su excelente forma, pudo hacer con ligereza el ascenso a la que era la pirámide más alta del Mayab. Observó de reojo a la multitud congregada en la plaza central y a los invitados ilustres que se mantenían de pie con sus llamativos penachos y trajes de ceremonia sobre una tarima próxima a la base de la pirámide. Eran los líderes de Liga de Mayapán, que se hallaban presentes con sus herederos para mostrar la unidad y el respeto que reinaba entre los pueblos.

Al llegar a la plataforma superior, su padre se levantó a recibirlo. Allí no había público —tan sólo unos sacerdotes—, pues esta primera parte del ritual ante el dios solar sería un acto casi íntimo entre el dios y ellos.

—Has elegido el nombre de Canek, la Serpiente Negra —dijo su padre mientras le colocaba un tocado de plumas de faisán con una serpiente negra en la parte central de la diadema—. Con él te distinguirán a ti y a tus descendientes.

—Prometo llevar con dignidad este tocado —respondió el joven— que se ha de levantar por encima de los vencidos por nuestro pueblo.

Cuando finalizó la ceremonia del traspaso de poder, ambos bajaron por el interior de la pirámide hasta salir a una de las plataformas inferiores, próximas al público.

—¡Pueblo de Chichén Itzá! —gritó con voz profunda Canek—, desde hoy podéis estar seguros de que mi suerte estará ligada a la vuestra y de que compartiremos un único destino.

—¡Itzamná! ¡Itzamná! —las aclamaciones enfervorecidas de los itzaes al dios sabio y bueno mostraba los deseos con que era aceptado aquel joven guerrero con fama de implacable.

Cuando los vítores se calmaron, continuó:

—Señores de Uxmal y Mayapán, quiero aseguraros que los consejos de mi padre me guían por el camino de la paz entre nuestros pueblos y ésa es la única senda que seguiré. No tenéis nada que temer de mí mientras consideréis a Chichén Itzá como a una igual.

Canek observó aquellos rostros buscando sus reacciones. Se fijó en la expresión seria e impenetrable del señor de Uxmal, quien iba acompañado de su primogénito Ulil, el cual le saludó amistosamente con una leve inclinación. Un poco más allá distinguió el llamativo tocado del arrogante señor de Mayapán, quien tenía a su lado... a la joven más hermosa y delicada que Canek había visto jamás. Al notar que su mirada se detenía sobre ella, Sac Nicté esbozó una tímida sonrisa y bajó la suya con pudor, pero Canek no podía apartar la vista de ella. Al fin su insistencia hizo que los ojos de ambos se cruzaran durante unos instantes que sintió eternos. Y, en ese momento, su pecho latió con tanta fuerza, con tanta desesperación y anhelo, que le hizo recordar el corazón palpitante del venado que había sacrificado en el bosque; una emoción intensa que no fue muy diferente para la princesa de Mayapán, quien sintió una desazón difícil de disimular y estiró innecesariamente su túnica y el pectoral de piedras que la adornaban. A partir de ese momento, Canek fue incapaz de concentrarse en el resto de detalles de la fatigosa ceremonia que siguió.

—Nunca antes había sentido algo así por una desconocida, me olvidaba de respirar al mirarla... —le confesó después a su consejero, pues necesitaba compartir lo que le había ocurrido.

—Hay amores que son así, como una chispa sobre la hojarasca.

—Me gustaría hablar con ella, verla, oír su voz, pero... no, no puedo siquiera acercarme. Va a casarse con Ulil en unas semanas. Este fuego tendrá que extinguirse solo —dijo Canek tratando de convencerse.

*

Los preparativos para la boda de Ulil y Sac Nicté continuaron con normalidad, aunque a ella parecían no importarle ni las flores, ni las joyas ni los invitados. Se limitaba a asentir y sonreír con la mente perdida en un recuerdo que no se desvanecía con el paso de los días: el de la figura aguerrida de Canek y sus ojos penetrantes.

—Nadie me ha mirado jamás de esa forma —se confesaba a una de sus amigas de palacio para desahogar aquel pensamiento obsesivo que la asediaba desde la ceremonia de Izamal.

—¿Te estás oyendo? Hay un príncipe increíble que espera casarse contigo en unas semanas. ¡Tienes que olvidarte de Canek!

—¿Olvidarme? ¡Si no duermo! Es como si me hubiera lanzado un hechizo. ¡No puedo dejar de pensar en él!

Sin siquiera intuirlo, las vidas de la princesa Flor Blanca y del nuevo líder Serpiente Negra se habían enlazado ya en los libros secretos del destino. Ellos sentían la confusión que ocasiona la magia de lo predestinado cuando dos corazones buscan acompasarse al mismo ritmo. Sac Nicté, Canek, Sac Nicté, Canek, Sac Nicté, Canek, Sac Nicté, Canek...

Cada mañana ambos se juraban a sí mismos cumplir con su deber, pero en su delicado estado emocional cualquier nimia novedad podía alterar sus vidas. Al fin Canek no pudo contenerse y sorprendió a la princesa en uno de sus paseos. Después de oír su voz, de sentir su calidez y la limpieza de su mirada, perdió toda prudencia... y ella también. Tras varios encuentros furtivos ya no podían imaginarse un futuro separados y así comenzaron a escribir los primeros renglones de su leyenda.

Mientras en Uxmal se llevaban a cabo los preparativos para recibir a los señores más importantes de la Liga de Mayapán, en el palacio de Chichén Itzá la vida transcurría tranquila hasta que un día se presentaron tres visitas.

—Mi señor Hunac Ceel —informó el mensajero de Mayapán— estaría muy complacido de que asistieras a las nupcias de su hija Sac Nicté con el príncipe Ulil de Uxmal.

—Sé lo importante que es esta unión. Como sus fieles aliados, podéis contar con que Chichén Itzá no le fallará. Allí estaré —dijo disimulando el dolor que cualquier noticia sobre aquel compromiso le producía.

—Has hecho lo correcto —trató de animarle su consejero, consciente del padecimiento que estaba sufriendo Canek.

Esa misma tarde llegó la segunda visita, un emisario del señor de Uxmal. La invitación era más comprometedora, pues se le rogaba que acompañara al príncipe Ulil en la mesa del banquete de la pareja, como un hermano. Aunque su respuesta fue la misma, aquello no hizo más que acrecentar su tormento. Cerraba los ojos y la veía, olía el aroma de las flores blancas que había por todas partes y la imaginaba a ella...

Entrada la noche, poco antes de que Canek se retirara a descansar, se presentó ante él un extraño consejero que nadie anunció. Era un hombre pequeño, de esos que son conocidos por saber descifrar las cosas ocultas. El misterioso personaje no dudó en acercarse al príncipe más de lo que éste le hubiera permitido en cualquier otra circunstancia y le susurró:

—Entre hojas verdes te espera la flor blanca del Mayab que tanto anhelas. ¿Vas a esperar a que alguien se la lleve?

Y, tal como había venido, desapareció, dejando a Canek alterado e insomne.

*

En aquellos días, los caminos estaban a rebosar de gentes que iban y venían. Ya fueran alfareros llevando vasijas al palacio de Uxmal para los invitados o artesanos encargados de grabar y pintar los perfiles de la pareja y los símbolos de paz en los muros de los edificios principales. Sin embargo, en las habitaciones del palacio de Chichén Itzá reinaba el silencio. Canek se encontraba lejos del ajetreo, buscando respuestas en la serenidad del apartado templo. Tras la inquietante aparición

del hombre pequeño, había decidido preguntarle al dios Kukulkán si debía conformarse con ser un simple invitado o luchar por lo que más deseaba, como siempre había hecho.

Mas el dios no respondió. Fue él quien puso palabras a este silencio: «Así pues, la respuesta está en mí», se dijo el príncipe.

Una de esas noches, Canek se quedó dormido de puro cansancio y tuvo un sueño. En él vio a la princesa sobre una piedra de sacrificio y a Ulil sosteniendo un cuchillo a la altura del corazón. Incapaz de moverse para impedirlo oyó a su lado la voz del hombre pequeño que días antes le había animado a llevarse a Sac Nicté: «La Serpiente Negra será salvada de su oscuridad cuando la mujer amada por los dioses le mire a los ojos». La mano de Ulil alzándose con el puñal provocó en él un grito tan desgarrador que el sobresalto de su propia voz le despertó y tuvo que agarrarse la garganta con la mano para calmar el dolor. Ya despierto, su mente convocó las palabras decididas de Sac Nicté en su último encuentro:

—Huyamos, Canek.

Y recordó también su reacción natural, propia de su alma oscura:

—Nadie nos impedirá estar juntos, aunque haya un baño de sangre.

—¡No, así no! Si manchamos nuestro amor con la sangre de los nuestros, nunca podremos ser felices —la dulce mirada de ella se había transformado en una mueca de espanto.

A partir de ese día los caminos de Chichén Itzá se llenaron en la noche de itzaes cargados con enseres y animales, aunque no se dirigían a Uxmal. Tres días antes de la boda llegó a esta ciudad el séquito de la novia, un vistoso grupo de criados, soldados y nobles adornados con llamativas ropas con pieles y cabezas de jaguar. Todo estaba listo, pero...

—El señor de Chichén Itzá aún no ha llegado —avisó un guardia de la muralla.

—Enviad a un emisario al camino para saber cuánto les falta para llegar o si necesitan nuestra ayuda —solicitó el jefe de la guardia tutul xiú.

—Le esperaremos. Aún faltan tres días —los calmó el príncipe Ulil.

En Uxmal no encontraban explicación a su retraso. Ningún mensajero llegó a la ciudad trayendo nuevas sobre él. ¿Qué excusa tendría? ¿Se atrevería a hacer un desplante? Aún no le conocían bien como gobernante, y todas las dudas les estaban permitidas. Finalmente, el día estipulado decidieron seguir adelante con el casamiento sin su asistencia. Entre murmullos retiraron los asientos del séquito de Chichén Itzá, aunque Ulil insistió en que dejaran el que había sido reservado para el acompañante del novio en la mesa, por si Canek lograba llegar a tiempo. Sac Nicté fue llevada a la sala en una silla cargada entre cuatro criados y depositada en el altar al lado de Ulil. La princesa se veía ojerosa y, aunque habían disimulado el llanto con pinturas, su rastro era lo suficientemente visible como para preocupar a Ulil, que no podía ni imaginarse el origen de la tristeza que se había apoderado de su prometida.

Apenas habían transcurrido unos segundos desde que comenzara el ritual de unión, cuando un atronador chasquido hizo volver las cabezas de los invitados hacia una de las puertas del salón de ceremonias, que se acababa de abrir violentamente. Era la que comunicaba un corredor secreto. Plantado ante las puertas abiertas de par en par se encontraba un aguerrido Canek, que había viajado bajo el túnel de tierra que unía las dos ciudades con sesenta de sus mejores guerreros, decidido a llevarse a Sac Nicté.

—¿¡Cómo te atreves a presentarte así, vestido para la guerra!? ¡¿Qué significa esto?! —le reprochó el señor de los cocomes y de Mayapán.

—¡¡Sac Nicté!! —la reclamó el príncipe, que sólo tenía ojos para ella.

—¡Canek! —exclamó con un hilo de voz la princesa, quien se había pasado la noche en vela dudando de si él iría a raptarla.

Observar la tristeza de los ojos de su amada y verla pasar de la sorpresa a la dicha fue todo lo que él necesitó para saber que había tomado la decisión acertada. En apenas un instante, el señor de Chichén Itzá se abrió paso por la estancia y rescató a Sac Nicté de su infeliz compromiso, alzándola por los aires y estrechándola entre sus brazos ante las incrédulas miradas de los invitados, quienes, en un momento tan auspicioso, se hallaban desarmados.

—¡No tienes nada que temer! —la intentó tranquilizar mientras se la llevaba fuera de la sala.

—No veo nada en ti que me inspire temor... —respondió una Sac Nicté que se aferraba al cuello de Canek, porque en ese instante sólo en sus brazos hallaba la serenidad que le había faltado durante aquellas últimas semanas.

Así, en los brazos el uno del otro, Canek y Sac Nicté desaparecieron sin mirar atrás por el mismo pasadizo por el que los itzaes habían penetrado en el corazón de Uxmal.

Escandalizados e iracundos, los jefes de todas las ciudades que ya se habían sumado a la Liga de Mayapán se reunieron en las siguientes horas y llamaron a las armas a sus gentes. Los señores de Uxmal y Mayapán enviaron a sus soldados tras Canek, mientras que los demás procedieron a organizarse para atacar directamente Chichén Itzá. Pero Canek y sus hombres llevaban gran ventaja en su huida porque los soldados necesitaron tiempo para organizarse y sacudirse la borrachera que llevaban, pues estaban celebrando desde hacía tres días las nupcias con el *balché* con que les habían obsequiado los de Uxmal.

Por su parte, los atacantes que partieron en busca de venganza en Chichén Itzá poco encontraron allí. Su nuevo líder, que tan bien se conocía los senderos del bosque y los caminos escondidos bajo tierra, había tenido tiempo de planificar la huida de su pueblo, pues, como les había dicho el día en que sucedió a su padre, su felicidad iba unida a la de ellos. Durante las noches anteriores a la boda, los itzaes habían ido sacando sus libros sagrados y sus dioses más queridos, así como la semilla del agave para que, como les había enseñado el gran sabio Zamná, pudieran tejer sus enseres con henequén allá donde fueran. Para sus perseguidores era difícil imaginar que les llevaban días de ventaja y sólo acertaron a pensar que habían utilizado una magia oscura que los hacía invisibles al ojo humano.

*

El éxodo del pueblo itzá fue duro y largo en el tiempo. Tuvieron que enfrentar la hostilidad de pueblos que reconocían en ellos al pueblo guerrero que eran y los recibían en actitud defensiva. Sin embargo, lejos de ello los dos líderes, Canek y Sac Nicté, se mostraron dialogantes y rechazaron cualquier enfrentamiento. Historias antiguas contaban de mujeres mayas que habían dirigido los destinos de sus pueblos, pero nunca antes se había oído hablar de un matrimonio gobernante.

El pueblo itzá siguió a aquella singular pareja mientras la abandonada Chichén Itzá era destruida por la furia de los ejércitos de Uxmal y Mayapán sin derramamiento de sangre, pues no quedaba nadie. Los itzaes, el pueblo conocido como los brujos del agua, aún tardarían cuarenta años en encontrar un lugar donde volver a establecerse y fue en la isla de la que habían salido sus antepasados, situada en medio del lago de Petén Itzá.

Los címbalos de guerra dejaron de sonar cuando los ejércitos de la liga se cansaron de buscarlos, pues los caminos secretos sólo los conocían quienes debían conocerlos, aquellos que habían propiciado que los textos ocultos se cumplieran para que la Serpiente Negra, la que podía haber conducido a su pueblo a la destrucción y la guerra, fuera salvada por la Flor Blanca, la que les guio por el sendero de la paz.

Aquella unión de dos seres de carácter tan desigual dio lugar a un nuevo y próspero destino para los itzaes. Canek y Sac Nicté hicieron de aquella isla un entorno de paz. Construyeron muchos templos y edificios a semejanza de la destruida y añorada Chichén Itzá, como si recreándola borraran el amargo destino de la ciudad.

Los esfuerzos por alejar a los itzaes de las guerras que continuamente libraban otros pueblos mayas fueron una herencia duradera. Pues Tayasal, como llamaron al lugar, permaneció en paz hasta el último aliento cuando siglos después de su fundación llegaron los españoles. Los itzaes lograron mantener ese legado que elegía negociar antes que luchar y se convirtieron en un emblema de resistencia para los mayas, pues fue el último pueblo en sucumbir ante los invasores.

El canto del ruiseñor

La leyenda

de la

Xkokolché

¿**S**ólo silencio e inmovilidad habrá bajo los árboles y los bejucos? Conviene que en lo sucesivo haya quien los guarde. Así dijeron y hablaron enseguida. Al punto fueron creados los venados y las aves. Enseguida les repartieron sus moradas. [...] De esta manera los Progenitores les dieron sus habitaciones a los animales de la Tierra. Y estando terminada la creación de todos los cuadrúpedos y las aves, les fue dicho por el Creador, Formador y los Progenitores: «Hablad, gritad, gorjead, llamad, hablad cada uno según vuestra especie, según la variedad de cada uno.»

El *Popol Vuh*, el libro más importante de la cultura y sabiduría mayas, relata así el momento de la creación del mundo y revela la importancia que las aves y sus voces tienen entre todos los animales y, sobre todo, como protagonistas de valiosas enseñanzas. Se trata de un valor que se transmitió en leyendas populares como ésta, que transcurren en la selva yucateca cuando los cantos y llamadas de las aves se multiplican según avanza la tarde y se van apagando con la puesta de sol, para que sólo unas pocas aves cantoras dejen oír en la noche sus hermosos cantos de galanteo o alerta. Por ello, mientras que para la mayoría de especies el anochecer es el momento de recogerse en sus nidos, resguardándose en troncos y ramas o acomodándose entre el follaje, otras aprovechan el silencio nocturno para hacerse oír con diferentes fines.

Pero ¿qué dicen las aves? Entre los mayas, algunas de estas llamadas se asocian con avisos sobre la vida o las leyes de la naturaleza que están a punto de suceder, aunque, en realidad, estos animales tienen otras motivaciones. Así, el búho ulula, repite un sonoro «uhú uhúúú» para advertir a otros de que no se acerquen a su territorio, pero para los mayas es un sonido que advierte de una pronta muerte. Y la xkokolché entona su bello canto cuando busca pareja con un piar que eleva con un largo *crescendo* para que resuene a larga distancia y llegue al máximo de pretendientes; para los milperos, en cambio, eso significa que ha llegado el momento de sembrar.

Se cuenta que hubo una xkokolché que merodeaba solitaria en busca de un techo donde vivir mientras llegaba la primavera y el momento de construirse su propio hogar, pues era joven y aún no había encontrado pareja. Decidida, se presentó a ofrecer sus servicios en varias casas, sobre todo de aves multicolores, que son la clase distinguida de las selvas tropicales. Pero, en cuanto veían su plumaje ocre y apagado, la miraban con recelo y le cerraban la puerta.

—¿Acaso vuestras plumas de colores os hacen más alegres que los de mi especie? —clamaba indignada la joven xkokolché—. ¿Por qué el color de mis plumas me hace ser peor?

A pesar de la tristeza que el continuo rechazo le causaba, su entusiasmo no decaía, porque se centraba en lograr un lugar seguro para pasar el suave invierno de Yucatán. Sin embargo, cuando estaba a solas, soñaba con bañarse en agua de colores para dejar de ser fea y vulgar.

Al fin voló hasta encontrar una gran familia de cardenales, conocidos en la tierra maya como chacdzidzib. Le habían aconsejado buscar trabajo entre ellos porque tenían una buena reputación de aves confiadas. También había oído que tenían familias muy numerosas y que los padres eran los encargados de conseguir alimento para todos y estaban muy atareados, porque las hembras les reclamaban la comida para los polluelos de manera insistente. Y siempre había crías en el nido. Así que decidió probar suerte y se llegó hasta el arbusto donde vivían. Le atendió el padre, un pájaro de color rojo muy estresado que la miró de arriba abajo con cierto desdén.

—No parece que seas alguien que pueda estar en un hogar como éste. Tus plumas son tan vulgares que parecen sucias de tierra... Tenemos muchas crías y hemos de ser muy exigentes con la limpieza, así que no creo que puedas ayudarnos.

—Este color no es de suciedad —estaba cansándose de repetir esto mismo en cada ocasión—, así son mis plumas. Si me contrata —dijo para desviar la atención sobre sus plumas—, lo ayudaré a traer comida y la prepararé.

—Si estás dispuesta a trabajar de firme, éste es tu lugar. Aún estamos alimentando a los polluelos que nacieron en invierno y, en cuanto sepan volar, llegarán otros... En fin, no falta trabajo.

—¡¡Uíiiií!! —gorjeó la xkokolché con un trino agudo de alegría.

—No tan deprisa, debes ser discreta o te despediré y... será mejor que no salgas de la cocina para que no te vean mis hijas. A su madre no le gusta tener por aquí pájaros ordinarios... —e hizo un gesto señalando el plumaje de la xkokolché.

—Está bien —aceptó, a pesar de la humillación.

A partir de ese día, la xkokolché comenzó a trabajar para la numerosa familia de chacdzidzib sin salir de la cocina. A veces, cuando la distinguida nidada terminaba de cenarse el engrudo de insectos y granos que le había preparado, bajaba en la noche a descansar a la orilla de un estanque cercano. Allí, para relajarse, comenzaba a tararear alguna melodía que había oído por ahí.

—¿Quién canta así? —preguntó en una ocasión la joven chacdzidzib, que se posó en la rama de su árbol e inclinó su copete anaranjado hacia el suelo. Buscaba al autor de aquel canto, pero no distinguió a nadie, porque en la noche las plumas color tierra de la xkokolché no se distinguían entre el ramaje.

—¡No es nadie, no es nadie! ¡Acuéstate ya! —respondió enseguida su padre, temeroso de que descubrieran a la cenicienta xkokolché y se armara un revuelo en su casa.

—¡Papá, yo también quiero aprender a cantar! —reclamó, caprichosa, la chacdzidzib.

La antojadiza pajarita insistió tanto que al fin logró que sus padres le buscaran un profesor de música. El mejor en ese arte era, sin lugar a dudas, el pájaro clarín, conocido en toda la selva por la variedad y finura de su canto, cuyo timbre se asemejaba a una flauta. Al igual que la nueva cocinera, el plumaje del pájaro clarín no tenía apenas color: era gris pizarra con pequeñas plumas rojizas en la espalda, reflejos suficientes para que no lo consideraran tan vulgar como a ella, aunque, para los chacdzidzib, lo que contaba era su arte y su presencia, y tenerlo en el nido les daba categoría.

—Tenéis que oírlo, ¡ese maestro es un virtuoso! —dijo entusiasmado el padre chacdzidzib a su familia—. Cuando silba, alcanza unos agudos impresionantes. ¡Es una maravilla!

—Siendo tan buen cantor, ¿por qué necesita trabajar de profesor? No deben faltarle oportunidades —preguntó desconfiada la señora chacdzidzib.

—El pobre está pasando por dificultades para alimentar a su familia. Donde vive han talado muchos árboles para cultivar la tierra y cada vez dispone de menos bosque donde buscar comida.

La jovencita chacdzidzib estaba entusiasmada porque con aquel profesor aprendería las canciones más románticas, y con ellas lograría atraer a una buena pareja. Al contrario que sus hermanos machos, que estaban cubiertos de plumas rojas, el plumaje de su cuerpo era canela con delicadas pinceladas de plumas rojas. Constantemente se pavoneaba del penacho rojo de su cabeza y del antifaz negro que tenía alrededor de los ojos con el que se hacía la misteriosa.

—Te enseñaré primero algunos trinos matutinos —le informó el profesor clarín— y, cuando los hayamos terminado, podrás improvisar y crear tus propias canciones.

—¡Estoy ansiosa por empezar, profesor! Tengo muchas melodías en la cabeza que me gustaría enseñarle...

—Primero aprende los tonos elementales; más adelante hablaremos de tus «creaciones» —le respondió el profesor con cierto sarcasmo.

Habían planificado que el curso acabase con la llegada de la primavera, porque, para entonces, la joven chacdzidzib debía estar preparada para salir al bosque y responder a la llamada de los pretendientes con su mejor canto. La xkokolché, que no se olvidaba de sus propósitos, decidió aprovechar las clases del pájaro clarín para mejorar sus habilidades musicales, y desde la cocina empezó a seguir las clases del maestro sin perderse una nota. Algunos días se veía obligada a interrumpir su atenta escucha para salir volando a cazar algún escarabajo para el almuerzo de la familia, pero no solía perderse mucho, porque cuando regresaba la chacdzidzib aún estaba repitiendo la última lección por enésima vez.

—No estires tanto la cabeza…, mantenla erguida. No, así no, ¡de forma natural! —le repetía el profesor cuando veía a su alumna estirando exageradamente su penacho.

Y así la xkokolché aprendió la importancia de la postura para sacar el mejor provecho a los músculos de su garganta.

—No te sabes bien la canción, te has saltado varias estrofas —repetía con impaciencia el maestro a la distraída alumna.

Y mientras, la xkokolché se refugiaba en la despensa para recordar las canciones que había escuchado en la clase.

—¿Podemos descansar? ¡Tengo hambre! —dijo empezando a dar muestras de que su fugaz capricho había dejado de interesarle.

Y, sin embargo, la xkokolché repetía y repetía sin descanso durante la noche las notas aprendidas por la mañana aumentando su repertorio y ejercitando su siringe.

Gracias a los ensayos de canto, las noches del invierno yucateca se hicieron más cortas para los animales. Muchos se acercaban al lugar de donde provenían los trinos y gorjeos. Escuchaban a la xkokolché discretamente, pues no deseaban perturbar la belleza que surgía de la garganta de aquella ave misteriosa camuflada perfectamente en la oscuridad de la noche.

*

El cenzontle era un ave cantora a la que le apasionaba seleccionar y recopilar cantos de todos los pájaros para luego reproducirlos, lo que le había valido entre los mayas el sobrenombre —en náhuatl— de «el pájaro de las cuatrocientas voces». Éste nunca había conocido otras tierras que las mexicanas, y especialmente las de Yucatán: por eso no había otro mejor para documentarse sobre los cantos de aquella selva tropical. Precisamente por su habilidad de imitar cuanto escuchaba en la selva era considerado una eminencia en sonidos de animales.

Desde la primera vez que había oído cantar a la xkokolché, se había convertido en testigo de la evolución de sus trinos, y no dejaba de asistir cada noche a sus ensayos. El propio plumaje de este genio de la mímesis era el de un director de orquesta elegante, de cuerpo gris claro por arriba, pechera blanca y una larga cola negra.

—¿Alguien sabe qué ave es esa que canta? —preguntaba el cenzontle a quienes acudían a escuchar el concierto nocturno.

—Dicen que de día vive escondida. Es una pena, debería mostrar ese arte a toda la selva —comentó uno de ellos.

—¿Está escondida? ¿Por qué?

—Parece que trabaja con pájaros de alto copete y, como ella no es de su color, les avergüenza que la vean en su casa...

Así fue pasando el invierno y, dado que la jovencita chacdzidzib era incapaz de recordar los cantos o de afinar su ronca voz, el profesor clarín decidió dejar de perder su tiempo y se marchó.

—No sé cómo voy a aprender sola —se lamentó para sí la xkokolché.

Y, mientras trajinaba en la cocina, comenzó a inventarse una melodía para calmar sus preocupaciones.

Cierto día, la familia chacdzidzib invitó a comer al pájaro cenzontle para convencerle de que les ayudara a conseguir otro profesor. Aún no habían terminado de comer cuando el pájaro de las cuatrocientas voces, que tenía un oído muy sensible, captó la misma voz que cada noche oía cerca del estanque. Entonces se acercó sigilosamente al lugar de donde provenía aquel trino melancólico y pudo ver que se trataba de una joven xkokolché no quiso interrumpirla y dejó que siguiera cantando.

Unos días después la esperó en la noche junto al hogar de la familia de cardenales y le dijo:

—Te escucho muchas noches y quiero confesarte que tienes una voz excepcional —le dijo el cenzontle.

—Eres muy amable, pero yo sólo repito lo que enseñaba el profesor clarín...

—Verás, he observado que no repites exactamente las canciones que él acostumbra a enseñar. Tú siempre innovas en alguna nota o algún trino ascendente, o introduces de pronto un gorjeo sostenido como nadie sabe hacer. No eres un pájaro que se limite a imitar, como yo. ¡Tú creas tus propios cantos!

—¿Alguien tan vulgar como yo? No, no, no, ¡qué vergüenza! No quiero que nadie me vea, no soy bonita —exclamó.

Entonces el cenzontle le confesó que, como él mismo, muchos pájaros acudían al estanque cada noche para escucharla, aunque no pudieran verla. Ninguno sabía de quién se trataba y, sin embargo, admiraban la belleza de su canto.

—¡Lo que aprecian es tu voz! ¡No van a ver el colorido de tus plumas! —le dijo.

—Aún tengo mucho que aprender —le respondió la xkokolché, ruborizándose.

—Necesito alguien con tu talento para el coro que estoy formando, ¿te vendrías conmigo? ¡Podrías perfeccionar tus habilidades!

—¡Imposible! Aún debo cumplir una misión para la que mi voz no está preparada... y el tiempo apremia —le dijo, visiblemente nerviosa.

Aquellas palabras sonaban tan misteriosas que el cenzontle, de natural discreto, decidió no indagar más y se limitó a despedirse, diciendo a la xkokolché que, si cambiaba de opinión, las puertas de su coro estaban abiertas para ella.

*

Habían pasado varios meses desde que el profesor clarín abandonara las clases en la casa nido de los chacdzidzib, adonde había regresado el ajetreo tras el nacimiento de nuevos polluelos. En la cocina, en consecuencia, no se paraba ni un momento de hacer comida para los pequeños. La xkokolché se sentía muy sola en aquel lugar apartado de la casa. Además, estaba desanimada porque aún no había encontrado una pareja, a pesar de que había subido sus melodías varios tonos para que la oyeran bien los xkokolché que vivían más lejos. Y, por si sus preocupaciones no fueran pocas, no dejaba de darle vueltas al ofrecimiento que le había hecho el pájaro de las cuatrocientas voces, porque la idea de convivir con otras aves cantoras como ella le tentaba. Hasta que un día...

—Le he dicho al señor chacdzidzib que no volverás. Deja este trabajo y vente a mi escuela de canto. Allí también tienes un techo —le dijo el maestro cenzontle, cansado de que ella no encontrara nunca el momento de dejar aquel trabajo que no le permitía desarrollar sus habilidades.

En las noches que siguieron, las aves nocturnas del Yucatán oyeron unos silbidos que crecían y se mantenían agudos durante largo tiempo. Al fin la xkokolché pudo aguantar cantando sin parar ¡hasta quince minutos! Fue un momento de alegría:

—¡Lo he conseguido! —pio, satisfecha de haber llegado al fin a la nota que le permitiría empezar con su misión—. Pronto me iré, el aire es más cálido ya.

—Vete, pues, si ése es tu deseo —le dijo el maestro, visiblemente decepcionado.

Y la primera mañana en que el sol empezó a salir pronto, la joven cantora nocturna se alejó volando y recorrió milpa tras milpa, piando sin parar. Los agricultores la esperaban con impaciencia y, al oírla, sonrieron, porque entendieron su canto. Eran unos trinos especiales que los de su especie repetían cada año en los campos y que clamaban:

—¡Ya podéis sembrar, ha llegado la primavera! ¡Ya podéis sembrar, ha llegado la primavera!

Al cabo de los días, aunque se sentía sola, estaba satisfecha de haber cumplido su cometido de anunciar la siembra. No tenía adónde ir, así que se entretuvo volando de árbol en árbol, deteniéndose a cantar allá donde los pájaros le pedían que amenizara sus noches. Había descubierto cuánto le complacía que los demás se sintieran felices cuando ella cantaba. Un día de esos en que vagabundeaba por la selva, oyó que la llamaban:

—¡Ey, xkokolché!, acércate —era su admirador, el viejo cenzontle.

—¿Es ésta tu escuela de canto? —le preguntó, contenta por haberle encontrado de nuevo.

—Perdona mi torpeza de la otra vez que nos vimos. No recordaba que los xkokolchés tenéis la misión de anunciar la primavera. Pero mi propuesta sigue en pie...

—Aún tengo que encontrar pareja... —respondió algo melancólica.

—Me alegra saberlo, porque... —le dijo con un gesto pícaro el rey de la mímica, imitando el arrullo de una amorosa tórtola—, como tú no quisiste venir, se lo propuse a alguien que canta con ese mismo sentido de la armonía que tú tienes. Haríais una pareja de canto maravillosa.

—¿Cómo son sus plumas? —quiso saber ella.

—¿Aún no te has dado cuenta de que la belleza de los xkokolché no está en sus plumas? —exclamó el maestro cenzontle.

En ese momento se oyó cerca de ellos un maravilloso canto galante y, como impulsada por algo irresistible, la xkokolché levantó el vuelo en la dirección exacta de donde procedía el canto. Allí, posada sobre una rama, lo oyó cantar.

—¿Dónde has aprendido esas canciones? —le preguntó al macho de xkokolché en cuanto terminó.

—Por aquí y por allá —le respondió, despreocupado—. En cada región los pájaros como nosotros cantan canciones distintas y a mí, como al amigo cenzontle, me encanta aprendérmelas.

—¿Y luego las cantas en su coro?

—Ja, ja, ja, no. Mi repertorio es para la milpa y, como tengo que visitar tantas durante la primavera, me gusta variar para que los campesinos no se aburran de oír siempre la misma.

—No entiendo, ¿por qué cantas durante la primavera?

—Algunos de nosotros tenemos la misión de cantar a las plántulas de maíz para que crezcan. Si quieres, puedes acompañarme y te enseñaré algunas tonadas milperas.

La xkokolché se quedó con el pico abierto. ¡Y ella que creía que su misión era sólo anunciar la primavera! Estaba claro que tendría que seguir aprendiendo, pero, al menos, estaba en el lugar correcto: entre pájaros que admiraban la belleza de los cantos de las aves y junto al maestro de las cuatrocientas voces.

Salieron de noche. Él iba delante cantando para que ella pudiera seguirlo guiándose por su voz. Volaron muchos kilómetros de noche y, cuando amanecía, se detuvieron a descansar cerca de una aguada. Ella se quedó observando sus finas patas mientras él sacaba de un tronco unas hormigas que compartió con ella. «¡Qué delicado y hermoso es!», pensaba la xkokolché sin poder apartar la vista de él. Casi tenía el mismo color de plumas que ella, eran tan parecidos..., y, sin embargo, ¡a ella le parecía muy atractivo!

Cuando terminaron de comer y descansar, el xkokolché comenzó a cantar posado en un árbol cerca de las plántulas de maíz. Y, guiada por un reflejo que le salió de las entrañas, comenzó a acompañarle en su canto. En tan sólo unos instantes, los dos acompasaron sus gorjeos, silbidos y trinos como si lo hubieran ensayado mil veces. Así estuvieron largos minutos, deleitando con aquel hermoso dueto al resto de los animales, excepto a la chacdzidzib, que pasó por allí y, al oírlos, sintió como si le estuvieran echando en cara no haber logrado cantar bien.

—¡Eso no es cantar, cualquiera lo haría mejor! —les espetó llena de frustración.

Pero ninguno de ellos dos estaba pendiente de las palabras de la chacdzidzib. Ambos estaban absortos en sus propios pensamientos. «Tiene que ser ella», pensaba él mientras cantaban al unísono, deleitándose el uno con los trinos del otro. «¡Es él! Casi estoy segura», pensaba la xkokolché. Y, sobre esa misma rama en la que cantaron más de quince minutos de apasionados gorjeos, esa tarde juntaron sus picos. Fue la primera muestra de amor entre ellos de las muchas de las que serían testigos los bosques y milpas yucatecas.

La nueva pareja de aves cantoras decidió construir su casa no lejos de la del maestro cenzontle, quien le había descubierto a la xkokolché dónde radicaba su verdadera belleza. Ella quería tenerlo cerca para que enseñara a sus polluelos, no sólo canciones, sino también la hermosura que se ocultaba en su interior, donde guardaban uno de los dones más bellos: el de la música.

Flor de sangre

Desde la altura del promontorio donde se encontraba, el *halach uinic* de Sotuta contemplaba la silueta de su ciudad, ahora teñida de tonos anaranjados por el sol del ocaso. Su siempre fiel lanza descansaba a su lado, pues él, ante todo, era un guerrero, y su liderazgo se había fraguado en las llamas de la guerra.

El derramamiento de sangre entre los pueblos de los itzaes, los tutul xiués y los cocomes había roto la Liga de Mayapán hacía ya casi un siglo. Los supervivientes de la destruida Mayapán se vieron obligados a huir y fundar la ciudad de Tibolón y el señorío de Sotuta bajo el liderazgo del último noble superviviente de la realeza cocom.

Por si la guerra entre los que antaño fueron como hermanos no hubiera sido suficiente, lo impensable ocurrió poco después: gigantescas naves aparecieron en el horizonte, y de ellas desembarcaron misteriosos hombres pálidos protegidos por corazas de hierro capaces de comandar el poder del trueno con sus armas.

Los españoles, como se habían hecho llamar, aprovecharon que los pueblos del Mayab se hallaban ahora separados por traiciones que aún eran demasiado recientes e intentaron conquistar tanto territorio como pudieron. Lo hicieron hasta que la rabiosa resistencia maya los forzó a retirarse y desaparecer por el mismo horizonte por el que antaño habían aparecido.

El líder de Sotuta, Nachi Cocom, sólo había conocido tiempos de inestabilidad y desesperación para su pueblo, y de éstos había aprendido que la indecisión y la duda eran lujos que no podía permitirse... No, si quería que su pueblo sobreviviera a las incesantes llamas de la guerra que asolaban la región.

La guerra contra los españoles fue devastadora, no sólo para los cocomes de Sotuta, sino para todos los pueblos de la región. La lucha había sido tan encarnizada y había requerido tanto esfuerzo que las gentes del Mayab no pudieron seguir con la producción normal de sus cultivos, y, para cuando los conquistadores se retiraron, los vencedores se descubrieron sumidos en una terrible hambruna.

*

Habían pasado cinco años de la retirada de los españoles del Yucatán. Así que cuando el joven Nachi Cocom fue avisado de la llegada de emisarios tutul xiués, no se lo podía creer. Sin embargo, aceptó reunirse con ellos a las afueras de Sotuta, acompañado por su inseparable lanza y sus fieles guerreros. El caos que había supuesto la llegada de los españoles no había hecho que los cocomes olvidaran las décadas de sangrienta y brutal guerra contra los tutul xiués y la forma en la que el señor de Uxmal había destruido la hermosa Mayapán.

—¿Qué os trae por aquí? —espetó sin miramientos, pues lo único que esperaba de ellos era una nueva declaración de guerra.

—Hemos venido a pediros ayuda, gentes de Sotuta —respondieron los emisarios.

Aquella respuesta pilló por sorpresa al jefe, que sólo entonces se tomó un momento para examinar con mayor detenimiento a aquellos enviados de Maní. A pesar de sus esfuerzos por proyectar riqueza y prosperidad con sus coloridos atuendos, nada podían hacer para disimular su delgadez, por la forma en la que sus pómulos se marcaban bajo las mejillas hundidas por el hambre.

—Os escucho. ¿Qué queréis?

—Como sabréis, los dioses no han sido muy benévolos con nuestras cosechas... —comenzó uno.

—Deseamos pediros un salvoconducto para pasar por vuestras tierras de camino al cenote de Chichén Itzá —terminó de explicar el otro.

En aquel momento, el joven Nachi Cocom tenía una decisión que tomar. Era evidente que los tutul xiués deseaban llevar una procesión de sacerdotes y cautivos al lugar sagrado para ofrecerlos como sacrificios a los dioses con el fin de aplacar la hambruna que los estaba diezmando a causa de la sequía.

El jefe de Sotuta meditó durante unos instantes con el ceño fruncido y los labios apretados. Finalmente, respiró hondo y respondió:

—Si los dioses siguen de vuestro lado, vuestros esfuerzos serán recompensados.

—¿Significa eso que...?

—Así es —respondió Nachi Cocom—, en tiempos aciagos como éstos todos deberíamos hacer lo que sea necesario para proteger a nuestros pueblos. Decidle a vuestro líder que podéis pasar.

—Nuestro pueblo agradece tu generosidad —dijeron los emisarios inclinándose, llenos de alivio.

Mientras éstos daban la vuelta para regresar a Maní con la autorización de Nachi Cocom, el rostro del líder de Sotuta permaneció sombrío. En su mente seguían frescos los recuerdos de la guerra que habían librado contra los tutul xiués y todo el sufrimiento que el conflicto había traído a su gente. Sabía lo fácil que podían volver a prenderse las brasas de la enemistad entre ambos pueblos. Sintiendo las miradas inquisitivas de sus hombres puestas en él, Nachi Cocom se volvió hacia sus soldados:

—¡A las armas, guerreros de Sotuta! ¡Por fin se avecina el día en el que seremos libres de los traidores de Maní!

—Pero, señor, ¿no es muy cruel atacarlos ahora? —dudó uno de sus hombres.

Lejos de enojarse, su líder hizo un gesto con el que abarcó a todo el contingente de guerreros presentes.

—Dime, ¿qué ves aquí?

El interpelado dudó, intimidado por la pregunta.

—Lo que yo veo son incontables cicatrices en los cuerpos de hombres valerosos. Veo a huérfanos y a viudos de la guerra contra los tutul xiués. Si no aprovechamos para cortar el problema de raíz, ahora que están débiles, ¿con qué cara miraremos a nuestros hijos cuando tengan que defenderse de nuevo de unos tutul xiués que han tenido tiempo para reponerse?

Así, los cocomes de Sotuta se prepararon para la guerra en secreto. Cuando avistaron la larga procesión tutul xiué, compuesta por sacerdotes, guerreros y cautivos que serían sacrificados en el cenote de Chichén Itzá, Nachi Cocom ordenó a sus hombres que los emboscaran, reavivando así las llamas de la guerra en el territorio.

Debilitados como estaban por el hambre, los tutul xiués de Maní liderados por Ah Dzum fueron eventualmente derrotados por las emboscadas de Nachi Cocom, quien por primera vez en años sintió que ya no quedaban más amenazas para su gente en la región.

Ahora, sentado en una roca en lo alto del promontorio, el líder de los cocomes de Sotuta contemplaba el fruto de su labor, la hermosa ciudad bañada por la luz dorada y anaranjada del atardecer, por fin libre de la sombra de la guerra, por fin en paz.

—¡Señor!

La voz jadeante de uno de sus guerreros lo alertó y, maldiciendo su suerte, se puso de pie, asiendo su lanza mientras se volvía para encarar al mensajero que acababa de llegar a toda prisa.

—¿Qué ocurre ahora?

—¡Se trata de T'Hó, mi señor!

T'Hó había sido una de las ciudades más importantes de la región durante el apogeo de la Liga de Mayapán. Cuna de los ancestros de los itzaes, fue abandonada al constante avance de la jungla cuando la guerra llegó. Sin embargo, había sido una ciudad independiente, como Uxmal o Chichén Itzá, y la monumentalidad de sus edificios era testimonio de la grandeza que había tenido en sus mejores tiempos. En la actualidad, la gente había comenzado a regresar a ella y trabajaban para devolverle la vida que antaño había tenido.

Temiéndose lo peor, Nachi Cocom apretó el asta de su lanza con gravedad.

—¡Son los españoles, mi señor! ¡Han vuelto, y sus pendones ondean ahora en T'Hó!

—Por los dioses, la ciudad de nuestros ancestros... ¿Y sus habitantes? ¿Están bien?

—No lo sabemos... ¿Cuáles son sus órdenes, líder?

Nachi Cocom levantó la mirada al cielo. No se había percatado hasta entonces, pero oscuras nubes cubrían el horizonte; venían desde el este como un manto que acompañaba la retirada del sol.

Para el señor de Sotuta sólo había una respuesta posible, aunque la expresión sombría de su rostro delataba cómo se sentía al respecto.

—Lucharemos.

*

Con la llegada de la noche, también lo hizo una terrible tormenta. Mientras el Xamanka'an, el viento del norte, aullaba atravesando las ventanas del palacio de Sotuta, Nachi Cocom permanecía sentado en su trono iluminado por la titilante luz de las llamas. Frente a él, nerviosos por la urgencia con la que habían sido convocados, se hallaban los sabios y hechiceros de su pueblo, los llamados uay, a los que pedía consejo en aquella hora tan oscura para su gente.

Hasta el momento ninguno de ellos había podido responder con convicción a sus dudas, pero, finalmente, el más anciano dio un paso adelante. Era uno de sus chilames, un anciano sacerdote de la estirpe más alta, y traía consigo los sagrados *anahteés*, libros de profecías cuidadosamente doblados.

—Calmad mi espíritu, sabio —dijo Nachi Cocom—. Decidme qué indican los augurios.

—Demasiado tiembla mi corazón a mi edad, afligido por la pena de la guerra, y mi vista ya no es la que era para leer los astros, pero os traigo una solución a la pregunta que os quita el sueño.

—¡Hablad, pues! ¿Venceremos en la batalla contra el invasor?

El anciano levantó una mano huesuda y el líder de los Sotuta calló, expectante.

—En noches de tormenta como ésta, en las que no brilla la luna... encontraréis, agitado por los vientos, el xha'il, que da una flor que llaman de los misterios.

—¿Una flor? —inquirió Nachi Cocom.

—Así es, una de hermosa campanilla azul que se abre por las mañanas. Se dice que quienes se asomen a su interior hallarán la respuesta a sus dudas.

Apremiado por la gravedad de la situación, el líder de los cocomes mandó a sus soldados a buscar la mágica flor sin demora, y los guerreros, sin temer a la aciaga tempestad, recorrieron las junglas que rodeaban Sotuta.

Por fin, el tenso silencio del palacio se vio interrumpido por el batir de puertas y la carrera de un soldado que, empapado de lluvia, se arrodilló frente a su señor y le presentó en el cuenco de sus manos la hermosísima flor azul que tanto necesitaban, el xha'il.

Cauteloso, Nachi Cocom tomó la flor por el tallo con la mayor de las delicadezas y se volvió hacia el anciano sacerdote, que se adelantó un par de pasos. Después, éste le tendió con la palma abierta una extraña piedra translúcida, una gema transparente que el cacique no había visto nunca.

—Éste es un *sáastun* mágico, el anteojo de los sortilegios. Si miráis a través de él, podréis ver lo que se halla lejos en el tiempo con una claridad de la que no gozamos nosotros los simples mortales, a los que tan pronto se nos empaña la vista de lágrimas.

Sintiendo su corazón como un terrible tambor sobre su pecho, el líder tomó la piedra.

—¿Cómo leo las señales que encuentre al fondo de la campanilla del xha'il?

—Esta mágica flor cambiará de color según el presagio que se avecine. En días de buen augurio, cuando sopla el aire con ternura sobre sus pétalos, cobra el color del sol. En noches como ésta, en las que los relámpagos surcan el cielo y hay lluvia en el viento, se pone oscura, y se dice que es el momento ideal para hacer las preguntas más difíciles. Con la ayuda del *sáastun*, debéis asomaros a su interior albergando una pregunta en vuestro corazón. Si como respuesta la flor se torna blanca... significará que los dioses están de nuestro lado.

Nachi Cocom tragó saliva, incapaz de ignorar el nudo de su garganta. Llevándose el cristal mágico frente a los ojos, se inclinó para asomarse al interior de la flor mágica que sostenía entre las yemas de los dedos y formuló la pregunta para sí:

«¿Está la victoria a nuestro alcance?».

Mientras los ecos de aquel pensamiento resonaban en su mente, fue testigo con sus propios ojos de un lento cambio en el interior de la campanilla de aquella florecita silvestre. Como si se tratara del fondo de un manantial, pequeñas gotas escarlata brotaron del fondo del xha'il, creciendo más y más, hasta empapar los delicados pétalos de un rojo carmesí.

Rojo como la sangre.

La flor se tiñó del color de la sangre en las manos del cacique, quien, horrorizado, no pudo sino contemplar cómo la delicada flor se secaba y marchitaba en sus manos en cuestión de segundos.

El silencio se apoderó del palacio, y sólo quedaron los aullidos del viento y la inmisericorde lluvia al azotar la piedra.

Nachi Cocom se volvió entonces hacia sus consejeros, y la palidez del rostro de sabios, sacerdotes y uays por igual, no hizo más que confirmar lo que el vacío de su estómago le decía.

Los dioses los habían abandonado.

A medida que los restos marchitos del xha'il caían al suelo, el cacique, sombrío, arrastró los pies hasta su trono y se dejó caer en él, y con la mirada perdida en el vacío se cubrió la boca con las manos. Las sombras que proyectaban las llamas sobre el rostro del líder de los cocomes de Sotuta hicieron parecer que había envejecido una década en apenas unos segundos.

El silencio que se había apoderado de todos los presentes se sintió eterno, mas fue el soldado que había traído la flor, un hombre joven que no habría vivido veinte primaveras, quien lo rompió:

—¿Qué vamos a hacer, señor?

Ver el miedo y la incertidumbre en el rostro del muchacho hizo que el cacique volviera en sí. Nachi Cocom desconocía qué era vivir en paz, sin ser atosigados por pueblos hostiles que ambicionaban su tierra y cuanto tenían. Dirigir a su pueblo en esas condiciones le había enseñado a no titubear, pues las dudas siempre eran un espacio que los enemigos aprovechaban en su beneficio. No podía dejar resquicios si quería que su pueblo sobreviviera a las penalidades que se habían apoderado del Mayab en los últimos años.

Con el pecho henchido por las llamas del deber y del orgullo, Nachi Cocom se puso de pie, asió su lanza y golpeó con el asta en el suelo, dejando que su voz resonara como un rugido por toda la estancia, insuflando coraje en los corazones de los presentes:

–¡Lucharemos!

*

Los días que siguieron al terrible presagio de la flor de sangre fueron de todo menos ociosos. Liderados por su embravecido líder, los cocomes de Sotuta enviaron mensajeros a todos los pueblos de la zona con un mensaje claro: los hijos del Mayab eran un pueblo libre, y había llegado la hora de plantarle cara al invasor que con tanta soberbia se proclamaba el nuevo señor de sus ciudades ancestrales.

Cuando llegó el día señalado, las fuerzas aliadas de Sotuta se congregaron en los montes que rodeaban la ocupada ciudad de T'Hó, en la que los pendones blancos con leones y cruces rojas, el blasón de los españoles, ondeaban ahora con orgullo, como si se mofaran de ellos.

Nachi Cocom se paseaba entre sus guerreros allí congregados, adornado con plumas y con la frente y otras partes del cuerpo pintadas de un rojo que le impedía olvidarse del presagio de la flor de sangre. Podía sentir las miradas inquietas de sus soldados, de sus aliados, todos temerosos tras haber escuchado los rumores sobre el aciago destino que les deparaba, augurado por el xha'il.

Subió entonces a una roca desde la que pudieran verle bien y alzó la voz para que todos le oyeran con claridad:

—¡Escuchadme, hijos del Mayab! Puedo ver en vuestros ojos la incertidumbre y el miedo. ¡No os culpo! A estas alturas todos habéis escuchado los presagios.

Blandió la lanza y apuntó con ella a los pendones de los españoles que ondeaban a su espalda en lo alto de las sagradas pirámides de la ciudad de T'Hó.

—¡Grabaos esa imagen en la memoria! ¡La gloriosa ciudad de nuestros ancestros, la sagrada T'Hó, conquistada por quienes ignoran su historia y ni siquiera hablan nuestra lengua!

Enarboló el arma en el aire, jaleando con ella a sus hombres, y continuó:

—¡Si los presagios de la flor de sangre son ciertos y los dioses de verdad favorecen al invasor, renegaré de ellos!

Sus palabras, rugidas a pleno pulmón, causaron conmoción entre los guerreros, que cruzaron miradas y susurros. ¿Cómo podía decir algo semejante? ¡Era impensable! ¡Sacrílego!

—¡Escuchadme, hermanos de raza! —la voz de Nachi Cocom se alzó por encima de los murmullos escandalizados—. A quien debo mi vida es a mi pueblo, ¡a los hijos de mis hijos! ¿Qué futuro les dejaremos a ellos si nos rendimos ahora? Si los dioses de verdad nos han abandonado, ¿significa eso que debamos rendirnos sin intentar defendernos siquiera?

Sus palabras, acusadoras y cargadas de una ira dirigida a los cielos, habían silenciado a los guerreros allí congregados, que lo miraban atónitos.

—¿Con qué cara miraréis a los ojos a vuestros hijos cuando os pregunten qué hicisteis cuando llegaron los invasores? ¿Les pondréis excusas cargadas de vergüenza y humillación? ¿O les diréis que hicisteis todo lo posible para asegurar un futuro mejor para ellos?

Ante el creciente murmullo que se levantaba entre los congregados, se detuvo unos instantes para proseguir con el mismo tono encendido:

—¡Luchemos! ¡Vuestro destino, el futuro de vuestros seres queridos y de vuestra descendencia, está en vuestras manos! ¡Asidlo con fuerza! ¡Si los dioses van a darnos la espalda cuando más los necesitamos —y al decir esto alzó la lanza por encima de su cabeza y la enarboló con furia—, que la obsidiana de nuestras armas y la fuerza de nuestros brazos dicten nuestro futuro y no ellos!

Su fervor y sus palabras prendieron el fuego en los corazones de todos los allí reunidos. Con férrea determinación y la mirada en la tierra, en la que habitaban los humanos, y no en el cielo, donde moraban los dioses que los habían abandonado, la coalición de pueblos liderados por Nachi Cocom cargó contra los españoles que ocupaban la ciudad de T'Hó.

Con la llegada de la noche, los hijos del Mayab dieron comienzo a su ofensiva, armados con su valor y la promesa de un futuro en el que serían libres. Las fortificaciones de los españoles eran imponentes, y desde ellas hicieron caer sobre los atacantes una lluvia de fuego y truenos. Los guerreros sintieron que de verdad se enfrentaban a un enemigo bendecido con los temibles poderes de dioses crueles a los que ya no les importaba su sufrimiento. La noche se iluminó por los fogonazos de luz de los cañones y se llenó de los gritos de guerra de españoles y mayas, confundidos en el caos del campo de batalla.

La lucha fue encarnizada, y la batalla fue tan terrible que viviría en el recuerdo de los descendientes de sus participantes durante generaciones. El hombre que la lideró, Nachi Cocom, se había forjado a sí mismo en una época de terrible inestabilidad, unos tiempos oscuros que le granjearon la reputación de guerrero implacable y fiero como ninguno. Era un hombre que destacaba entre los demás por su dominio de la lanza, por no temerle a nada y por no dar la espalda a la lucha.

Sin embargo, a la hora de la verdad, cuando más oscuro parecía el futuro de su pueblo y más imposibles eran las posibilidades de victoria, lo que lo impulsó a tomar las armas y hacer frente a lo inevitable no fue la sed de gloria de un guerrero ni la sed de sangre de un loco, sino un sueño cargado de esperanza: el deseo de un futuro en el que las generaciones que lo siguieran podrían ser libres.

Incluso en la derrota, que tan siniestramente habían augurado los pétalos de sangre de la flor del xha'il, el recuerdo que dejarían las acciones de Nachi Cocom no sería el de un guerrero temible cuya lanza no conocía rival entre los suyos, sino el de un líder que en el momento más oscuro de su pueblo, cuando el futuro se veía más sombrío que nunca y lo más fácil hubiera sido abandonar la esperanza, se aferró a la promesa de un porvenir mejor y le recordó a su gente que quienes tienen la última palabra sobre el destino de las personas no son los astros, sino ellos mismos.

DIOSES EN LOS MITOS Y LEYENDAS MAYAS

CHAAC Dios de la lluvia al que se dedicaba un ritual que consistía en arrojar jóvenes vivos a los cenotes. Aquellos que no perecían ahogados adquirían el poder de la adivinación.

HUNABKU El dios único, simbolizado con un disco que contiene un cuadrado: el movimiento y la medida. Las referencias de su existencia datan de la época colonial, por lo que bien pudo ser creado por los evangelizadores como transición del politeísmo al monoteísmo.

ITZAMNÁ Dios del cielo, del día y la noche, era considerado creador de la cultura maya, artífice de la escritura, el calendario, la medicina y la agricultura.

IXCHEL Llamada la diosa del arcoíris, se la relacionaba con la noche, la luna y las mujeres. Se pedía su intervención en los partos y para la fertilidad de la tierra, y su influencia benéfica se solicitaba en la medicina y en las actividades textiles.

KAUIIL O K'AWIL Dios del rayo, el fuego y el poder, era también el padre de las semillas y, por tanto, estaba vinculado a la agricultura, la fertilidad y la abundancia.

KISÍN Divinidad maligna que representaba al demonio y los terremotos, capaz de transformarse. Habitaba en el lugar del inframundo, donde penaban las almas antes de perfeccionarse y ascender por la gran ceiba hasta el séptimo cielo para vivir felices.

KUKULKÁN Dios principal de los mayas yucatecos representado por una serpiente emplumada. Regía el viento y el trueno y se vinculaba a Venus. Su culto estaba muy extendido, aunque el principal se llevaba a cabo en la pirámide de Chichén Itzá.

XTAB Diosa del suicidio, muerte que los mayas consideraban tan honorable como la de los guerreros o los partos.

YUM KAAX Dios del maíz, alimento sagrado de los mayas, y protector de las plantas y animales que daban sustento a los humanos.

© de esta edición:

EDITORIAL ALMA
Anders Producciones S.L., 2023
www.editorialalma.com
🅕 🅞 🅙 @almaeditorial

Concepto editorial: Anders Producciones S.L.

*

Selección de contenido y prólogo:
JAIME SOLER FROST
2023

*

© de los textos:
ANA GALLO
2023

*

© de las ilustraciones:
ANA INÉS CASTELLI
2023

*

Diseño de colección, ilustraciones
de portada y portadillas:
LOOKATCIA.COM

*

Maquetación,
coordinación y edición:
EDITEC EDICIONES

*

ISBN: 978-84-19599-32-2
Depósito legal: B-13578-2023

Impreso en España / *Printed in Spain*